「満洲・満洲国」教育史研究の固有性と独自性を考える

Considering the Uniqueness and Originality of Studies
on the History of Education in "Manchuria and Manchukuo"

植民地教育史研究年報◎2024
Reviews of Historical Studies of Colonial Education vol.27
27

「満洲・満洲国」教育史研究の固有性と独自性を考える

2024　植民地教育史研究年報　第 27 号　目次

巻頭言
戦前・戦中の日本語学・日本語教育の負の遺産……………………… 前田　均　5

I. 特集　「満洲・満洲国」教育史研究の固有性と独自性を考える
シンポジウム発題：「満洲・満洲国」教育史研究の固有性と独自性を考える
………………………………………………………………… 佐藤広美　10

竹中憲一の仕事──「満洲」教育史の基礎的研究──……………… 宇賀神一　13

槻木瑞生の仕事──民衆の「心のひだ」に分け入る満洲教育史──
………………………………………………………………… 山本一生　26

原正敏の仕事──職業技術教育史研究はなぜ満洲に関心を寄せたのか──
………………………………………………………………… 丸山剛史　46

Ⅱ．研究論文
1920 年代における台湾公学校児童の学習状況──学籍簿を史料として──
………………………………………………………………… 合津美穂　52

日本占領下の天津特別市における青少年向け音楽イベントの実態 …… 楊慧　76

Ⅲ．研究ノート
朝鮮総督府編纂『簡易学校国語読本』について ──『普通学校国語読本』との
比較を通して── ………………………………………… 野村淳一　100

Ⅳ．書評
蘭信三ほか編『帝国のはざまを生きる──交錯する国境、人の移動、アイデンティティ』
………………………………………………………………… 冨田哲　114

菊地俊介著『日本占領地区に生きた中国青年たち──日中戦争期華北「新民会」
の青年動員』………………………………………………………… 楊慧　120

王楽著『満洲国における宣撫活動のメディア史──満鉄・関東軍による
農村部多民族支配のための文化的工作』………………… Flick, Ulrich　126

鄭大均著『隣国の発見──日韓併合期に日本人は何を見たか』… 井上薫　133

劉建輝・石川肇編『戦時下の大衆文化──統制・拡張・東アジア』
……………………………………………………… 松岡昌和　140

Ⅴ．図書紹介
姫岡とし子著『ジェンダー史10講』 ……………………… 大石　茜　148

Ⅵ．資料紹介
2024年中国大陸における資料調査記──広西チワン族自治区南寧市を例に──
……………………………………………………… 光多隆之介　154
戦時期南方諸地域における日本語教育の一断面──『大阪毎日新聞』（1942年8月）
の記事から──（1）……………………………………… 田中　寛　162

Ⅶ．旅の記録
2024年春休み、広西大学日本語学科、南寧市訪問記 ………… 光多隆之介　170
台湾における旧公学校文書保存の現状と課題──竹東小学校と西屯小学校を訪
れて── ………………………………………………… 陳虹彣　177

彙報 …………………………………………… （宇賀神一事務局長）　185

編集後記 ……………………………………………………………… 189
著者紹介 ……………………………………………………………… 191
『植民地教育史研究年報』投稿要領 ……………………………………… 193
CONTENTS ………………………………………………………… 194

巻頭言

戦前・戦中の日本語学・日本語教育の負の遺産

前田　均[*]

　日本語学会（旧称：国語学会）が編集・発行した日本語学・国語学の専門
事典がある。初版は『国語学辞典』で1955年に、改訂版は『国語学大辞
典』として1980年に発行、再訂版は『日本語学大辞典』として2018年に発
行された。初版には「海外の日本語」という項目があり（執筆：都竹通年
雄）、「朝鮮人・台湾人の知識人の大部分は、日本語放送を理解し、日本
語のトーキー映画を理解し、日本語の出版物に読みふける。」、「高砂族は
部族が違うと、固有の言語では会話が通じないし、福建系タイワン人と
広東系タイワン人とも固有の言語では会話が通じないので、かれらどう
しは日本語で語り合う。」と記述されている。これは最近、日本語学界で
も注目されている「残存日本語」の説明である。改訂版では「日本語」
の中の「他言語との交渉」（執筆：金田一春彦）の項目が挙げられ、「朝鮮
語・中国語には「『取り扱い』『申し立て』」のようなものが入った。（中
略）欧米語には、あまり多くの輸出はしていないが、以前のハラキリに続
いてキモノやショーユ（醤油）、ジュードー（柔道）、ゼン（禅）などの単
語が欧米各国にひろまった。第二次世界大戦中に日本が占領した地域に
も、日本語が断片的に残って使われている例がしばしば報告される。」と
の記述がある。初版は戦後10年での出版なので、植民地支配の記憶も生
々しく残っていたのであろう。改訂版ではその記憶も薄れたようだ。再
訂版では「ピジン・クレオール」（執筆：西光義弘）の項目が立てられ、最
近注目されている台湾でのアタヤル語と日本語との混淆言語の記述があ
る。残存日本語やクレオールの存在は植民地支配に伴う日本語教育の結
果であり、戦後の日本語学研究ではそのような分野は重視されなかった

---

[*]元天理大学准教授

ようだ。

　実際には植民地での日本語教育は徹底して行われていた。その時に開発された教授法などはそのまま受け継がれ、今も用いられている。

　日中戦争から太平洋戦争の時期になると、占領地での宣撫工作としての日本語教育、また対日協力者を育てる留学生に対する日本語教育が盛んになり、多くの教科書・文法書・基本語彙集・基本文型集が出版された。日本語教師も数が多くなり、戦後は東京大学の国語学教授になる松村明や、東京外国語大学等の教授になった金田一春彦も日本語教室の教壇に立った。それどころか、戦後は「解放教育」の大家となった国分一太郎も「南支」で日本語を教えていた。

　戦争中には「日本語教育振興会」が発足し、西尾実は300語の基本語彙集『情報局ニッポンゴ』の選定を行い、発行責任者となった。戦後の西尾は国立国語研究所長として日本語学や国語教育のリーダーとなった。同研究所は1948年12月初日に発足し，西尾はその初代所長となったわけである。その発足にあたって「創設委員」となった人の中には安藤正次、海後宗臣、時枝誠記、中島健三といった戦前・戦中に日本語教育に活躍した人の名が見える。そればかりではなく西尾所長の下で、所員だった人にも，岩渕悦太郎、大石初太郎、輿水実、上申幹一といった日本語教育の実務家・理論家として活躍した人の名が見える。西尾はじめ，この人たちはかつてあんなに熱心に説いた日本語教育のことは戦後忘れてしまったかのようである。

　戦後は文部省国語課長となる釘本久春には『戦争と日本語』という著書がある。釘本は戦後は国語政策の中心となったほか、「日本語教育学会」の設立にも大きな力を果たした。釘本もかつてのことは忘却のかなたに置き忘れてしまったのだろうか。

　視点を別の所に移そう。戦前の国語辞典、たとえば『大辞典』(1936年、平凡社) は「凡例」に「アイヌ語・琉球語・朝鮮語・台湾語等の近接語族にて我が国語に移入された諸語は洩らさず採録した。」と書き、植民地等の言語から借用語として入った語も「国語」として扱った旨を記してある。つまり、当時は「国語・日本語」の範囲が今と異なっていたことがわかる。それらは「台湾内地人語」と注記され、「ヒシュー　埤圳　ピイツン　水利灌漑のため設けた水路及び溜地。」や「カッキン　較緊

【副】　早く。台湾語カア-キヌの訛。」などの記述がある。現代の日本語学の視点からはまったく忘れられた「日本語」が当時は（狭い範囲とは言え）使われていたのである。

　これは、明治初期の四島と付属島嶼だけの日本語だったものが、一旦は拡大したにもかかわらず、戦後もまた同じ規模の日本語に戻ってしまったことによるのであろう。日本語学は「一国平和主義」に安住し、過去のことを忘れてしまったかのようである。

　私は日本語教師兼日本語学者として、過去の「日本語」を見つめつつ、教育と研究に励もうと思っている。

I. 特集

「満洲・満洲国」教育史研究の固有性と
独自性を考える

シンポジウム発題

「満洲・満洲国」教育史研究の固有性と
独自性を考える

佐藤広美[*]

　私は、「満洲・満洲国」教育史研究の専門外の人間だが（日本近現代教育思想史研究）、専門外ゆえに、かえって、満洲教育史研究の魅力、つまり、その固有性と独自性を遠慮なく端的に示すことができるかも知れない。私たち研究会が、近年、続けてきた植民地教科書比較研究で得た知見を手掛かりにいくつかの点を指摘してみたい。

　第1に、台湾植民地教育史、朝鮮植民地教育史研究と言いながら、満洲植民地教育史と聞くことがあまりないのは、なぜか。満洲植民地教育史という言い方はもちろん成立するだろうが、今回、このような表題に決めた専門家からの深い理由をまずはお聞きしたい。

　第2に、この点が1番深めたい論点なのだが、なぜ、満洲には在満日本人子弟のために、現地で作られた特別の国語教科書『満洲補充読本』(1924年〜)があるのか、その理由である。台湾や朝鮮の日本人子弟には国定教科書があてがわれたのに、なぜ、満洲だけにこの補充読本がつくられたのか。そこには特別の原因があったはずである。

　野村章は、満洲を「大東亜教育」の構想を現実のものとする「先導的試行」の場所とする、という為政者の思惑を推測している（『「満洲・満洲国」教育史研究序説　遺稿集』エムティ出版、1995年）。満洲在住の日本人こそ大東亜を担う人間を形成するにふさわしい場所に生きている。すなわち満洲独自な教育があり可能だという、そういう考えが早くにでき上り『満洲補充読本』が作られたという仮説である。

　第3に、磯田一雄と宇賀神一は、『満洲補充読本』に関わった重要な人

___
[*] 東京家政学院大学名誉教授

物の一人として石森延男の仕事に注目していることに関わる（『「皇国の姿」を追って』晧星社、1999年。『石森延男研究序説』風間書房、2022年）。石森は、のちに「満洲ヒューマニズム」と評される作品を『補充読本』に書き、さらに、その経験を生かし、国定教科書『アサヒ読本』（第5期、1941年〜）編纂に関わり、アジアにおける日本語の使用強制と皇国民意識を関連づける作品（「ラジオノコトバ」『ヨミカタ　二』、「大連から」『初等科国語　四』など）を含めていくつも書いた。石森は戦後も文部省にとどまることができ、第6期国定教科書『いいこ読本』（1947年）を編纂するに至る。満洲における植民地教育の経験は、戦時下の皇国民錬成で重要な役割を担い、しかも、戦後教育改革の「民主化」においても生かされることになる。満洲─戦時下─戦後改革における国語教科書編纂。この政治と教育の変革のあり様をどう理解すればよいのか。植民地満洲の教科書を編纂した人物が、いったい、なぜ、戦後の教科書の編纂が可能であったのか。「開発実験国家」をめざした満洲・満州国という地域における、満洲植民地教育の本質に関する一筋縄ではいかない解明の重要性がここに示されている。

　最後に、もう1点、『満洲補充読本』には、1938年以降の満蒙開拓青少年義勇軍の記述がある。これは戦争と植民地教育、軍事と植民地教育の関連を考える大切な課題となろう。この満蒙開拓青少年義勇軍の問題は、従来、もっぱら「戦争と教育」史の領域で扱われてきた。『現代教育史事典』（東京書籍、2001年）では、「植民地と教育」ではなく「戦争と教育」の項目で記述され（相庭和彦執筆）、『論集現代日本の教育史　6戦争と教育』（北村嘉恵・白取道博編、日本図書センター、2014年）に「満蒙開拓青少年義勇軍」論文（白取道博）が収められた。この問題は、公教育（教師が満洲に青少年を送り出す）と密接な関連を有し、軍事史研究の一環ともなる、この分野の研究対象であるが、「満洲・満洲国」教育史にどのように位置づけ関連させて検討を加えていけばよいのか。「植民地教育史」研究を「軍事と戦争」に結びつける対象に、満蒙開拓青少年義勇軍の問題をしっかり位置づけてみる課題ということになる。

　私は、「満洲・満洲国」教育史研究に触れて、上記のような（惹きつけられる）課題の存在を考えてきた。今回のシンポジウムは、こうした課題に直接応える企画ではないが、最近、私たちは2人の先達を次々と失う

こともあって、先人の残された業績をしっかり学び直すことから、その「固有性」と「独自性」をより明確にしたいということになった。

竹中憲一の「満洲教育制度の基礎研究」「教科書集成」「(満洲民衆の)オーラルヒストリー」などの資料編纂の意義。日中双方の信頼を介しての悉皆調査の孤独な？姿勢の堅持。

槻木瑞生にみる植民地教育史研究の「主流」に対する、あれこれと多角的な視点(軍事と宗教と教育)をぶつける孤高さ？と実証の高い仕事。

近代日本における職業技術教育史研究者の原正敏は、なぜ、満洲の技術教育に関心を示したか。その関心は早い。満洲に科学技術の発展を期待する「開発主義国家」の思想を見て取ってのことだったか。

3人の先達に学んで、「固有性」と「独自性」を少しでも明らかにしていきたい。

竹中憲一の仕事
──「満洲」教育史の基礎的研究──

宇賀神一[*]

1. はじめに

　戦後日本における植民地教育史研究の動向を論じた渡部宗助は、磯田一雄と野村章ら成城学園教育研究所のメンバー、「満洲国」教育史研究会の海老原治善ら、『「満洲・満洲国」教育資料集成』を編んだ槻木瑞生ら、近代アジア教育史研究会を組織した阿部洋らの研究に言及したうえで、竹中憲一（1946-2022年）に関して次のように述べた[1]。

　　遅れて1992（平成4）年にこの世界に参入して精力的に調査・研究活動を展開した竹中憲一の仕事がある。長い北京在留経験（北京「大平学校」の日本語教師）による堪能な中国語を武器にアクティブに研究に邁進していたが、'90年代末は病魔に侵されてペースダウンをせざるを得なかった。それまでの調査・研究を、『「満州」における教育の基礎的研究（全6巻、柏書房）』として上梓したのは2000（平成12）年であった。

　本稿では、「精力的に調査・研究活動を展開した」という竹中の研究の内容を具体的に検討しながら、竹中の功績と課題を論じてみたい。なお、竹中は著作や論文のなかで「満洲」とは表記せずに基本的に「満州」を用いており、以下竹中の著作・論文から引用する場合は原文に即し、それ以外の場合は「満洲」を用いる。

───────────

[*]西九州大学

2. 竹中憲一の経歴

　まずは竹中の略歴を確認しておこう[2]。竹中の両親は中国で結婚して天津で生活しており、1946（昭和21）年母が帰国し長崎県内で竹中を出産した。こうした背景から自身のルーツとして中国を強く意識した竹中は、1973（昭和48）年早稲田大学文学部に入学して中国文学を専攻した。1976（昭和51）年から中国人に対する日本語教育に携わり、大平学校などで教鞭をとったのち、1989（平成元年）年以降早稲田大学に勤務した。

　竹中が「満洲」の教育を主題的に取り上げるのは1993（平成5）年以降であり、「日本の関東州、満鉄付属地における中国人教育―『満州国』成立以前」（『人文論集』第31号、1993年11月）を執筆している。それ以前は、『中国雑誌所蔵目録　1949-1965』（龍溪書舍、1981年）、『中国文芸理論に関する文献解題・総目録　1949-1966』（不二出版、1983年）などの資料集や、『北京における魯迅』（不二出版、1985年）、『北京歴史散歩』（德間書店、1986年）、「中国人に見られる口頭表現誤用の傾向」（『ILT　NEWS』第82号、1987年10月）、「中国語と日本語における字順の逆転現象」（『日本語学』第7巻第10号、1988年10月）など中国に関連するテーマを扱った。

　竹中が「満洲」教育史研究に着手するに至った経緯は凡そ次のとおりである。1989（平成元）年、早稲田大学に着任して研究の方向性に悩んでいたとき、同大名誉教授安藤彦太郎から「満洲」の教育というテーマが提示された[3]。当時竹中は「満洲」に関して、関東州と満鉄附属地の違いを理解していない状況であったという。そして嶋田道弥『満洲教育史』（文教社、1935年）に辿り着き、同書をとおして「満洲」教育史の輪郭を学んだ。磯田一雄・野村章編『復刻・満洲官製教科書』（ほるぷ出版、1989年）を読み磯田らに接触を図り、両氏に誘われ「満洲国」教育史研究会に参加して、「満洲・満洲国」教育に関する基本的な知識を蓄積していった。同会で槻木瑞生から阿部洋編著『日中教育文化交流と摩擦―戦前日本の在華教育事業』（第一書房、1983年）を譲り受け、「満洲」教育史研究の現代的意義を学んだ。その後、野村らや山田豪一に師事して「満洲」教育史研究に本格的に着手するようになった。このころ、中国近代史と教育史を学ぶために早稲田大学文学部と教育学部の授業を聴講した。

　1993（平成5）年8月、大連で開催された「中国東北教育史国際学術シ

ンポジウム」に参加した際、大連図書館・大連市档案館（文書館）に旧満鉄の資料が所蔵されていることを知り、毎年大連を訪れて資料収集に努めた。なお、このとき入手した資料の大半が日本＝植民地支配者側のものであったことに課題意識をもち、積極的に中国人研究者と交流を図り中国側の研究動向や研究成果を学び、植民地教育を受けた中国人に対するインタビュー調査にも着手した。2022（令和4）年11月逝去。

表1　竹中憲一の略歴

年	事項
1946	11月、長崎県で生まれる
1973	3月、早稲田大学第一文学部文学科中国文学専修卒業
1976	4月、日中学院専任講師
1980	10月、北京外国語学院中文系修了
1981	9月、北京・日本語研修センター（大平学校）講師（外務省国際交流基金派遣）
1985	9月、北京日本学研究センター講師（外務省国際交流基金派遣）（〜1986年3月）
1989	4月、早稲田大学法学部専任講師
1993	4月、早稲田大学法学部助教授
	8月、第1回中国東北教育史国際学術シンポジウム（大連）に参加
1999	4月、早稲田大学法学部教授
	・科研費「日本占領・植民地化の中国教育史に関する日中共同研究」（代表・渡部宗助）
2001	9月、教育史学会第45回大会で「『満州』における中国人用歴史教科書について」発表
2002	・科研費「旧『満州』における植民地教育体験者の調査」（代表）
2016	4月、早稲田大学法学学術院名誉教授
2022	11月、逝去

3. 追悼文にみる竹中の研究上の特徴

つぎに、竹中を知る人々の手になる追悼文（『植民地教育史研究年報』第25号、2023年3月）を手がかりに竹中の研究上の特徴を論じてみたい。文章の性質上批判的な記述はあまりみられないが、植民地教育史に着手してきた研究者からの竹中に対する認識を知ることができる。

新保敦子は竹中の仕事のうち、磯田一雄を中心に取り組んだ『在満日本人用教科書集成』全10巻（柏書房、2000年）のほか、竹中憲一の手になる『「満州」における教育の基礎的研究』全6巻（柏書房、2000年。以下、「基礎的研究」と表記する）、『「満州」植民地日本語教科書集成』全7巻（緑蔭書房、2002年）、『「満州」植民地・中国人用教科書集成』全8巻（緑蔭書房、2005年）といった資料の復刻作業に注目して、「第一次資料の発掘や分析が欠如したまま、議論が先行し」がちであった「満洲」教育史研究を「本格化していく土台をつくった」と指摘した（189-190頁）。

　渡部宗助も「基礎的研究」を取り上げ、竹中が「『満州教育』を『中国人』『日本人』『朝鮮人』で構成した」点を「卓見」と評価しており、同書を執筆するにあたり「如何に膨大な資料収集に邁進したか一目瞭然」だと述べて竹中の実証的な研究姿勢を認めた（185頁）。同様に宮脇弘幸も、竹中が「長年満洲における植民地教育に関する実証的な研究に打ち込」み、「日本では部分的にしか所蔵されていない、日本人用・中国人用の各種満洲教科書など、大量の第一次資料を中国で収集し、日本で復刻」したことに触れ、それが「満州教育の実態研究に欠かせない基礎資料となっ」たと語った（187-188頁）。

　竹中の姿勢に関する次のような指摘も見逃せない。渡部は、1997（平成9）年8月北京で開催された「日本侵華殖民教育史国際学術研討会」に向かう途中道に迷い、「中国人研究者も困惑」するなか、竹中が「近くで遊んでいた小学生のグループに近づき、何やら話し込」み「一件落着した」エピソードを紹介しながら、「彼の語学力に僕は参ってしまった」と述べている（185頁）。また斉紅深（陳虹妙訳）も、竹中が中国語に通じ、中国で積極的に人脈を広げようと努めたことに言及しており、中国語文献を翻訳した竹中の仕事を「中日両国の歴史に対する共通認識の橋渡しとなった」と評し、「中国で友人が多く、その研究成果も中国に大きな影響を与えて」おり、「中日両国友好交流学者」と呼ばれたと述べた（183頁）。

　この点と関連することに、中国におけるオーラルヒストリーの収集がある。新保が述べるように「90年代～2000年代初めは、植民地下で教育を受けた体験者が、当時のことを語ることができた最後のチャンスであり」、竹中の「情熱と語学力、そして人々の心に寄り添われる暖かい人

間性によって、オーラルヒストリーが記録として残された」のであった（190頁）。

　以上のように、中国で調査を行い一次資料の発掘・収集・復刻に努めたことや、高い中国語力を備え中国人に接近してインタビュー調査に着手したことに竹中の仕事の特徴が認められる。こうした仕事をとおして「満洲」教育史研究の礎石を準備したのであった。

4. 『「満州」における教育の基礎的研究』をめぐって

1）「基礎的研究」の概要

　竹中の代表的な研究成果である「基礎的研究」は、第1巻から第3巻が「中国人教育」、第4巻が「日本人教育」、第5巻が「朝鮮人教育」、第6巻が「資料編」（年表、資料一覧、索引）という構成であり、合計2000頁に迫る著書である。第1巻の冒頭に次のように記されている（2頁）。

　　植民地教育史研究には、当然多様な視点、観点があるべきであるが、そのよって立つべき歴史事実が不確実なものであれば、導きだされる結論も主観的なものにならざるを得ない。多くの先駆的な研究はあるが、実証的な植民地教育研究はまだ始まったばかりである。こうした研究状況において、同朋大学の槻木瑞生先生らのご努力により刊行された『「満州・満州国」教育資料集成』（エムティ出版、一九九三年）は、「満州」の植民地教育研究における大きな業績であるといえる。……「満州」における植民地教育の全体的な「事実」について、個々の研究を除いてまだ空白に近い状況にあり、「事実」を知ることから始めるべきであるという認識に立って研究を行った。

　竹中が「満洲」教育史研究における「歴史事実」の蓄積状況を課題（「空白」）だと考えており[4]、そのために研究の客観性が担保されないことを問題視して、自らの手で「歴史事実」を埋める作業に着手したことがわかる。同書において竹中が着手したのは、次の14点であった。

- ロシア統治時代の中国人教育
- 日露戦争後の日本軍政期における教育の実態
- 台湾・朝鮮と「満洲」における教育の異同
- 関東州と満鉄附属地における中国の教育制度の影響
- 関東州と満鉄附属地の教育実態の異同とその背景
- 排日運動が日本の「満洲」教育に与えた影響
- 日中関係の変化が日本語教育、中国語教育、歴史教育に与えた影響
- 台湾・朝鮮とは異なり独自に編纂された日本語教育のための教科書の内容
- 教授法の側面における「新教育」思潮の影響
- 中国語教育上における「内地延長主義」教育と「適地適応主義」教育実施の背景
- 中国語教育の状況と「満洲」補充教科書が誕生した背景およびその日本人教育への影響
- 中国人教育のための機関（普通学堂・公学堂・師範学堂・商業学堂・農業学堂・南満中学堂・旅順第二中学校）の在籍者や教員数、教育課程などの具体
- 4つの高等教育機関（旅順工科学堂（旅順工科大学）・南満医学堂（満洲医科大学）・満洲教育専門学校・南満洲工業専門学校）の沿革と教育内容
- 日本と中国の支配の狭間にあった朝鮮人に対する教育の実態

　このように「基礎的研究」の射程は、時期的には日露戦争以前のロシア統治期から「満洲国」建国まで、地域的には関東州と満鉄附属地を中心としつつ、朝鮮人の問題を論じるうえで間島に及んだ。検討内容は、中国人・日本人・朝鮮人に対する教育政策・制度、学校の設置状況や在学者数・教員数などの統計情報、教育課程、教育内容、現地で編纂・使用された教科書であった。なお、初等教育段階にかぎらず中等教育や高等教育、社会教育まで扱った。

　以上は、"「満洲」の教育"と一括りで論じることが困難であることを想起させる。「満洲」においては、日本人教育と中国人教育、朝鮮人教育

では教育の制度や内容は同一ではなかった。また日本人にかぎってみても、関東州と満鉄附属地では異なる教育が実施されており、たとえば満鉄附属地内の小学校では1925（大正14）年以降中国語が教育課程に組み込まれていた。中国人に対する教育に目を向けても、言語教育は朝鮮や台湾で実施されたような現地言語の収奪・日本語の強制とは様相を異にするものであった。竹中は、このように広範な「満洲」教育史の全景を事実に即して見渡そうとしたのであった。

2)「基礎的研究」の問題

　ところで、渡部宗助は前出の追悼文のなかで「基礎的研究」を取り上げて次のように指摘している（186頁）。

　　　これは第6巻の「資料一覧」全体に言えることであるが、項目の名称・用語・選択に統一性がない事である。個人作業では陥りやすい難点であり、利用者には注意を喚起して置きたい点である。「資料一覧」には貴重な「資料」が列挙されている故の苦言である。この第6巻だけでも改訂版として再版する価値があると思う。

　第6巻のなかの「『満州』教育資料一覧」は、「教育一般」、「学校教育機関（初等教育）」、「学校教育機関（中等教育）」、「学校教育機関（実業教育）」、「学校教育機関（女子教育）」、「学校教育機関（師範教育）」、「学校教育機関（高等教育）」、「教育機関（その他）」、「台湾教育」、「教育（著・編書）」、「教育論文」、「統計」、「一般（機関）」、「地方誌」、「植民」、「歴史・調査・社会」、「人物」、「朝鮮　歴史・調査・社会（機関）」、「朝鮮　歴史・調査・社会（個人）」、「論文」、「ロシア統治」、「教科書」、「同窓会誌（戦後）」という項目に沿って1500点近い資料が掲載されている。詳しくみていくと朝鮮や台湾に関する資料も含まれているものの、渡部がいうように「満洲」教育史研究に着手するうえで「貴重な『資料』が列挙されて」おり、有益である。

　さて、先の引用文に戻ろう。渡部はそこで、竹中の表現上の「統一性」の問題を指摘している。渡部は別の機会にも竹中の研究上の課題を

論じている。すなわち渡部は、竹中の著書『「満州」における中国語教育』(柏書房、2004年)に対して二次資料に対する批判の甘さを指摘したほか、「叙述に若干の重複や註記事項の粗密」や、「前述」や「前掲」などの「指示不明箇所」があることを批判しており、「中等普通教育」や「教練」といった「重要な概念の非歴史的使用の散見」についても論難している[5]。

　竹中の資料批判の問題を「基礎的研究」に引きつけて確認してみたい。同書において竹中は、嶋田道弥『満洲教育史』(文教社、1935年)を取り上げ、嶋田が資料を「そのまま引用したり、思い込みによって断定を下した点もある」と断りながらも「満洲」教育史研究の「最も基本的な文献」に位置づけ(第1巻、8頁)、記述の根拠や引用元が必ずしも明確でないことを自覚しつつ、なんら批判的検討を行うことなく参照している[6]。

　筆者の関心に引きつけて、南満洲教育会教科書編輯部が編纂した教科書に関する記述に目を転じてみよう。竹中は「基礎的研究」第4巻のなかで「満州補充教科書について」(第7章第9節)を設けて教科書編輯部の成立過程や編纂された教科書の全体像を概説しており、教科書の内容にも踏み込んで論じている。在満日本人用国語副読本『満洲補充読本』に関する言及をみていこう。

　同書に関してはすでに磯田一雄による詳細な分析があり、初版と改訂版で内容や性格が変容していることが明らかにされた。すなわち、初版は「ひたすら『満洲』の土の匂いを盛り込もうとし」て「挿し絵などもいかにも空とぼけた感じで、内表紙のデザインもいかにものんびりした大陸的な風情があ」ったが、改訂にともない「なんとなく日本人中心主義になり、進んでは日本の国家意識ないし国威発揚を思われるような面が少しずつ出てき」たのであった[7]。

　竹中の場合をみていこう。「基礎的研究」は『満洲補充読本』第一次改訂版「一の巻」(1年生用)を分析しているが、磯田の研究には触れておらず、検討したものが改訂版であることや、内容が異なる初版が存在することなど、磯田が明らかにした事実を見過ごしている。そのことに起因して、『満洲補充読本』に対して磯田と正反対の評価を下している。

　一例として、春節に爆竹を鳴らす中国の伝統行事をモチーフとした「バクチク」という教材に対する分析をみてみよう。これは初版と改訂版の

両方で「一の巻」に収録された教材である。「バクチク」について竹中は「基礎的研究」のなかで次のようにいう（第4巻、222頁）。

　日本の子供と中国の子供は、学校が隣り合わせになっていてもあまり交流がなかったという。日本の子供たちは中国の遊びには馴染めないようで日本の遊びをしていたようである。しかし、日本と同じような行事である中国の伝統的な端午節・仲秋節・春節（旧正月）には、興味を示した。特に春節の爆竹は日本の子供たちも一緒になって遊んだようである。単に遊びとしてでなく、「ナゼ、バクチク　ヲ　ナラス　ノ　デセウ」という問いを入れることによって、中国事情への扉を開いている。

　日中児童の交流の乏しさに言及しつつ、例外的に春節の爆竹には日本人子弟が興味をもったと述べる。なお、「一緒になって遊んだようである」ということの根拠は示されていない。「ナゼバクチクヲナラスノデセウ」という一文に関しては、中国側への接近を試みる工夫として肯定的に受け止めている。
　つぎに、同じ「バクチク」に対する磯田の見解を確認してみよう[8]。

　「バクチク」は内容がかなり変えられている。初版の「バクチク」には、「シナノオシヤウガツニハ、ナゼアンナモノヲナラスノデセウ」という箇所がある（傍点は磯田による）。これが昭和六年版ではどういう行事で爆竹を鳴らしているのかを不問に付した上で、「オホキナオトデスネ。ナゼバクチクヲナラスノデセウ」というきわめて一般的な表現に替えてしまっている。周囲の風物の民族性を曖昧にしている一例である。

　磯田は初版と改訂版の異同に注目することによって、初版にみられた「シナノオシヤウガツ」という記述が削除されたことを「民族性」を薄める措置だと批判的に論じている。そして磯田はこのあとに、「これと並んで挿絵にも現地人（中国人）が登場する率がぐんと減少している」と続けており、同教材以外にも視野を広げながら、改訂にともない中国の「民

族性」が「曖昧」にされた例を示している。

　両者の分析を比較すれば、改訂版のみを対象とすることで『満洲補充読本』が「中国への扉を開い」たと評価した竹中の解釈が一面的・表層的であることが浮かび上がってくる。先行研究への視野の狭さと、先行研究に学ぶ姿勢が希薄であったことを、竹中の研究上の課題として指摘できよう。

5. 中国人へのインタビュー調査

　竹中が積極的に取り組んだ中国人へのインタビュー調査についてもみておこう。その成果をまとめた『大連　アカシアの学窓―証言　植民地教育に抗して』(明石書店、2003年)に、その出発点のエピソードが記されている。中国で資料収集を行っていた竹中は、大連で知り合った中国人から戦時中の話を聞くうちに、次のように考えるようになったという。(4頁)。

　　　私の集めた「資料」は、関東軍、関東庁、満鉄サイドの文書で、いわば植民地支配の総括的「資料」にすぎない。当事者が文字によって記録した「資料」は、植民地教育という全体像の輪郭線であり、この線によって囲まれた厖大な面の領域は捨象されている。一片の法令や布達の文字から、これが人の心にどのように作用したのかを知ることはできない。教育が「人」を対象にする領域であるかぎり、植民地教育がどのように行われたかということと同時に、植民地教育を受けた生徒、教壇に立った教師は、何を考え、どう行動したのかということが重要であると気づいた。……それ以降、私は「資料」収集から「個人史」を記録することに方向転換した。

　「満洲」教育史研究が「関東軍、関東庁、満鉄サイドの文書」に依拠して進められてきたことを批判的に捉え、支配を受けた「人」に寄り添った研究の必要性を自覚して、その克服を目指してインタビュー調査による「個人史」の収集に着手したのであった。

インタビュー調査にまつわる次の指摘は顧みられてよいように思われる。ひとつは、「戦後五〇年余りが経ち、『政治優先』の風土の中で日本の侵略が強調され、記憶の中で脚色され、そして時間とともに忘却されることはないのだろうか」という指摘であり、語られる内容が「本当の気持ちなのだろうか、ということ」である（6頁）。日中関係の変化を意識しつつ、言説の意味を丁寧に読み解いていく力量と想像力が研究者に求められる。いまひとつは、日本人を対象にする調査と比べて、「日常生活レベルでの中国人の被植民地体験」を扱った研究が乏しいという指摘である（7頁）。竹中がそう指摘する以前の研究状況に目を向けると、たとえば1990年代初頭には磯田一雄、野村章、駒込武が中国人に対する聞き取り調査を行っている[9]。竹中の指摘以降に目を転じれば、いくつかのライフヒストリーが紡がれている[10]。とはいえ、量的に竹中の仕事を超える成果は出現していないように思われる。インタビュー調査をとおして「人間という記憶媒体から歴史を再構成する作業は、まさに時間との競争」だという竹中の指摘のもつ意味は重い（7頁）。

6. おわりに

ここまで竹中の「満洲」教育史研究を、広域な視野をもった基礎的事実の整理と、中国人に対するインタビュー調査をとおした個人史の収集という角度から論じてきた。本稿を結ぶにあたり、竹中の最後の著書となった『満州教育史論集』（緑蔭書房、2019年）について言及しておきたい。そのあとがきには、パーキンソン病を患い「手足が不自由で、筆記もままならない状態にあ」り、「はじめに」と「あとがきに代えて」を口述筆記に頼ったことが記されている（519頁）。こうした状況にもかかわらず1980年代後半から90年代に執筆した論稿をまとめる意味を、竹中は次のようにいう（同上）。

満州における中国人、朝鮮人教育や、とりわけ中国語教育・日本語教育については、この分野の研究は少なく、研究の進展に少しでも寄与できればと考え刊行した次第である。さらに、日本における労

働力人口の減少に伴ない、近年、外国人労働者の流入が増大しており、その子弟の教育をどうするかは急務の課題となっている。同時に、在日外国人に対する教育をどの様に進めればよいのか多くの課題と問題を抱えている。戦前における日本の外国人教育は、植民地教育という性格を持つが、異民族教育を効果的に進めるための多くの経験を蓄積している。満州における中国人、朝鮮人等移民教育の歴史を知ることは、今日の在日外国人に対する教育を考える上でも、参考になるかと思われる。本書がそれに少しでも寄与できれば幸いである。

　ここに「満洲」教育史研究にかける竹中の情熱を痛感する。日本社会が直面している「今日」の教育の問題とその先に存在する「外国人」のことを、竹中は常に意識していた。かつて『大連　アカシアの学窓』において竹中は、自身の目指すところを「日中間の『歴史認識』の溝を少しでも埋めていく努力をしたいと思う」と述べている（7頁）。教育や日本社会が直面する〈いま〉の問題に正対しようとする一貫した姿勢が確認される。

　それにしても、先の引用において竹中が指摘したように、「満洲・満洲国」教育史はいまだ解明されていない「歴史事実」が山積みである。教育関係法規の整理、教育政策を支えた関係者の特定とその動向および教育思想の検討、社会教育やジェンダーの視点の導入、宗教団体の教育活動、戦後までを含めた関係者の人生を総合的に捉えることなど取り組むべき課題は多い[11]。竹中が着手したような地道で基礎的な作業が、これからいっそう進められなければならない。

註
1　渡部宗助「日本植民地教育史研究会・創設の頃とその後」『植民地教育史研究年報』第20号、2018年3月31日、19-20頁。
2　「竹中憲一教授　略歴および研究業績」（『人文論集』第55号、2017年2月20日、281-288頁）を主な資料として、新保敦子「竹中憲一先生を偲んで」（『植民地教育史研究年報』第25号、2023年3月31日、189-192頁）、竹中憲一「あとがき」（『「満州」における教育の基礎的研究』第5巻、柏書房、2000年、265-270頁）などを参照した。

3 安藤彦太郎（1917-2009年）は日中関係史研究者であり、早稲田大学、日中学院、日中歴史研究センターを歴任した。『中国語と近代日本』『虹の墓標—私の日中関係史』などの著書を残した（『朝日新聞』2009年10月28日朝刊、39面）。

4 「基礎的研究」以前にまとめられた「満洲・満洲国」教育史研究の基礎的文献として、磯田一雄ほか編『復刻 満州官製教科書』（ほるぷ出版、1989年）、「満洲国」教育史研究会監修『満洲・満洲国』教育資料集成』全23巻（エムティ出版、1993年）、日本語教育史研究会『第二次大戦前・戦時期の日本教育関係文献目録』（科研費報告書、1993年）、教育ジャーナリズム史研究会編『教育雑誌目次集成 第24巻 南満教育／在満教育研究』（日本図書センター、1994年）、王勝利ほか編『大連近百年史人物』（遼寧人民出版、1999年）などが確認される。このうち「基礎的研究」では『復刻 満州官製教科書』と『「満洲・満洲国」教育資料集成』、『大連近百年史人物』が参照されている。

5 渡部宗助「切実だった『支那語』の時代を検証する」『東方』第294号、2005年8月5日、28-31頁。

6 『満洲教育史』の課題については槻木瑞生「満洲教育史研究のフロンティア—いま満洲教育史研究が直面している問題」（『東アジア研究』第44巻、2006年2月28日、3-17頁）や丸山剛史「満洲教育史研究の進展と課題—嶋田道弥『満洲教育史』(1935) 克服の方途」（『植民地教育史研究年報』第23号、2021年3月31日、35-51頁）を参照されたい。

7 磯田一雄「石森国語の成立と満洲—その基盤としての『満洲補充読本』」『成城文藝』第141号、1992年12月25日、34頁。同論はのちに『『皇国の姿』を追って」（皓星社、1999年）に収録された。

8 同上。

9 磯田一雄「中国・東北の日本植民地教育実態調査—『満洲国・関東州』における植民地教育に関する第一次調査中間報告」『成城文藝』第143号、1993年6月20日、75-105頁。

10 中国人を対象とした研究としては、坂部晶子「『満洲労工』の記憶—黒竜江省東寧県における聞きとり実践」（山本有造編著『「満洲」記憶と歴史』京都大学学術出版会、2007年）、奥田浩司「『満州国』及び旧植民地における高齢日本語話者へのインタビュー (1) —日本語・日本文化の記憶に関する報告」（『愛知教育大学大学院国語研究』第27号、2019年3月31日、5-10頁。なお、同論は2024年3月10日現在その「4」まで刊行されている）などがある。朝鮮人を対象とした研究として、金美花『中国東北農村社会と朝鮮人の教育—吉林省延吉県楊城村の事例を中心として(1930-49年)』（御茶の水書房、2007年）、花井みわ「満洲国から戦後直後の社会を生きた朝鮮族女性たちのライフヒストリー」（松本ますみ編『中国・朝鮮族と回族の過去と現在』創文社、2014年）、新保敦子・花井みわ「満洲国における朝鮮人女子青年教育—ライフヒストリーの分析から」（『学術研究 人文科学・社会科学編』第64号、2016年3月25日、57-78頁）、朴仁哲「朝鮮人『満州』移民のライフヒストリー (生活史) に関する研究—移民体験者たちへのインタビューを手掛かりに」（博士学位論文・北海道大学、2015年）などがある。

11 槻木瑞生「満洲教育史研究のフロンティア」前掲註6。新保敦子「中国植民地教育史」教育史学会編『教育史研究の最前線Ⅱ』六花出版、2018年。丸山剛史「満洲教育史研究の進展と課題」前掲註6。

槻木瑞生の仕事

——民衆の「心のひだ」に分け入る満洲教育史——

山本一生[*]

1. はじめに

　本稿は槻木瑞生（以下槻木と略記し、敬称略とする）の論文を引用分析することで、満洲教育史研究に槻木が求めてきた視点を確認することを目的とする。そのことを通して、今後の我々が満洲教育史研究を行う上での見取り図を得る。

　まず、槻木とはどのような人物なのだろうか。槻木は1940年東京生まれで、東京大学教育学部、東京大学大学院教育学研究科（教育史教育哲学研究室）を経て、名古屋大学教育学部助手、岡崎女子短期大学、同朋大学を歴任した。その間に満洲教育史研究の第一人者として、多くの研究を世に問うてきたが、2019年8月に逝去した[1]。

　そこで、槻木の満洲教育史著作リストを章末の別表にまとめた。その結果、69本を数えた。うち満洲教育史47本、在満朝鮮人教育14本、仏教8本である[2]。槻木が論じたテーマを見ると、以下のように分けられる。研究を発表してきた当初は①満鉄公学堂および満鉄の教育、②間島の朝鮮族を中心に論じた。1991年に「「満洲」開教と布教使の教育活動」を発表して後、③満洲に開教した宗教団体、特に仏教を論じ、さらに④軍と新教育へと広がっていった[3]。なお、本稿は2024年3月に行われた日本植民地教育史研究会大会【シンポジウム】「満洲・満洲国」教育史研究の固有性と独自性を考える」での報告と、2020年12月に行われた近現代東北アジア地域史研究会第30回大会での報告「戦後における満洲教育史研究

[*]東洋大学

の展開—槻木瑞生氏の研究を中心に—」を基礎にして構成する。

2. 槻木の基本主張

　先に見たように満洲教育史だけでも50本近い論考がある。本稿を執筆するにあたりそれらの論考を通読し、槻木の基本主張を以下の6点にまとめた。

1　満洲とはどのような地域か

　第1に、「満洲とはどのような地域か」という主張である。槻木は、「満洲国＝中国東北部」という地域区分を批判し続けた。さらに以下のように指摘する。

　　　第二次世界大戦以後のアジア研究では、アジアの問題を国家間関係として捉えることが多かった。その一方で大戦以前の研究や調査では、今日では意外と思われるほどに国境に捕らわれていたわけではない。例えば日本人の持っていた「満洲」という概念は、良くも悪くも中国東北地区だけでなく、シベリア、朝鮮半島、山東半島、モンゴルそして華北にまで広がるものであった[4]（下線は引用者、以下同様）。

　槻木は「満洲」を日本人による地域概念と捉えた。この観点から、戦後のアジア研究のように国境線を区切り、国家間関係の中に満洲を位置付けなかった。そのため、「中国東北地区だけでなく、シベリア、朝鮮半島、山東半島、モンゴルそして華北にまで広がるもの」だったと指摘した。では、ここでの「日本人」とは、主にどのような人々だったのか。槻木は以下のように述べる。

　　　さらに中国における日本の教育活動の主体が軍部であった事実を辿っていけば、日本の軍部の視野には山東半島やモンゴルがかなり早い時期から入っていたことが分かる。だから軍部の言う「満洲」

とは、少なくともシベリア、モンゴル、東北地区、華北、山東半島などを含む地域と言うことができる。この中で日本の教育活動がどのように展開されたか、そしてそれぞれの地域における多様な活動の関連を見なければ、本来の「満洲植民地教育研究」にはならない[5]。

　すなわち、先に見た「日本人」とは、軍部のことである。「シベリア、モンゴル、東北地区、華北、山東半島などを含む地域」という指摘を踏まえると、軍部による大陸政策の対象地域とくくることができよう。この観点から、軍部が満洲という地域をどう捉えていたのか、という点に槻木は関心を寄せていた。こうした地域での軍による活動に注目することが「満洲植民地教育研究」に求められる、と主張する。さらに槻木は軍部と宗教、教育との関係に言及するが、この点については後述する。

2　国家目線だけではなく、住民目線で考える

　第2に、国家目線だけではなく、住民目線で考える、という主張である。槻木は、1970年代に発表した初期の研究から既にこの点を主張していた。例えば、以下のようにある。

　　　日本における中国人や朝鮮人の問題等日中関係、日朝関係が論議の対象となっている今日、過去の日中・日朝関係の一つとして「満州」における教育が十分に検討されていないのは不当であるばかりでなく、更にこの検討の中に被支配者の立場も含みこんだものが未だに少ないことも問題なのである[6]。

　このように、満洲での教育研究が不十分であり、「被支配者の立場」での検討が少ないことを批判する。その後、槻木は単に「被支配者の立場」を強調するだけでなく、地域に住む人々に目を向けることで、国家の観点を相対化しようとする。

　　　当時の東北地方の住民は、山東半島からの漢族の移民を主力として、朝鮮人、日本人、ロシア人、モンゴル人など多様な移民の混交し

た姿であった。その移民たちは日本人の満洲とは違う地域概念を持ちながら、東北地区からさらに国境を越える視点を持っていた。中国や東北地区を考えるときに、国家の視点からだけではなく、その地域や移民たちのミクロな視点から国境を越えて移動する姿を見る必要があるだろう[7]。

　国境を越えて移動する人々というミクロな視点に着目することで、国家の枠組では見えない満洲の姿を描き出す。その人々も、移動を繰り返す中で混交していく。このように、国家の枠組だけでなく、民族の枠組をも溶解していく姿に着目していった。このようにミクロに見ていくことで、以下のように生活圏の観点から、その多様な姿に目を向けようと促す。

　　満洲の教育史を東アジア史の大きな流れの中に位置づけなければならない。その意味でも日本が持っていた満洲という地域概念は大切である。しかしそこで生きてきた人々の生活から歴史を見ようとするならば、日本人の視点である満洲ということばで括ることは無理である。そして中国東北地区という国家を前提にしたことばでもこの地域の特色をつかむのはかなり困難である。／満洲という括り方にしても、中国東北地区という括り方にしても、その中には多様な文化と生活があるから、その多様な文化と生活を明らかにするには大きすぎるし、時にはうまく捉えることができない。やはり生活圏という視点から地域を考える必要がある。これまでの植民地教育の追求の仕方は、日本の研究者であれ、中国の研究者であれ、ほとんどがかつて日本人の持った満洲という概念を前提にしている。例えば四平と長春では、日本人の場合でも中国人の場合でも教育のあり方は違うはずなのに、すべてを満洲教育ということばで括ってきた。四平は四平、長春は長春でその特色を捕まえなければならない[8]。

　満洲という日本人の地域概念では、住民をくくることはできない。さらに満洲という地域概念で住民をくくってしまうと、多様な文化が見えなくなってしまう。しかし、にもかかわらずこれまでの日中の研究者は、

結局この地域概念を前提としており、地域の多様性に目を向けなかったのではないか。こう批判する槻木は、四平街や長春を事例にしながら、そうした地域ごとの教育の特色に目を向けるよう主張する。

しかし一方で、そうした地域の多様性を統制することこそ、満洲国の「新学制」の役割ではなかったか。この点を槻木は以下のように述べる。

　（略）満洲国の教育施設全体が法的に日本側の組織の下に置かれて日本側の統制で動くようになるのは、1937年に公布されてその翌年から実施されることになった「新学制」からである。「新学制」は満洲国地域に住む住民を、「満洲国」という近代国家の国民として統制することを目的としていた。それとともに、この「新学制」の立案過程に関東軍関係者が拘わって大きな力を振るったことからも分かるように、「新学制」は満洲国国民を植民地住民として統制することも目指していた。／この時を境にして、少しずつ漢族その他の教育施設が日本側学校体系の中に組み込まれることになる。そこでは学校の名前が変えられ、学校体系の中の位置づけも変わり、教科や教科書の偏向などもあった。また場合によってはそれまでの私塾や学校が廃校になったり、幾つかの学校が吸収合併されたり、統合されることもあった。しかし日本の敗戦にいたるまで、こうした「新学制」が狙った教育体形整備の作業が完成することはなかった[9]。

満洲国の「新学制」とは、1937年に勅令として公布された「学事通則」「国民学校令」などの法規と、同年民政部令として公布された「国民学校規程」ほかの施行規則からなる各種の学校規定の総称であり、1938年1月に実施された[10]。「「新学制」は満洲国地域に住む住民を、「満洲国」という近代国家の国民として統制することを目的としていた」と槻木は指摘する。

確かに国民学校令では「国民学校ハ学生ノ心身ノ発達ニ留意シテ国民道徳ノ基礎及国民ノ日常生活ニ必須ナル普通ノ知識技能ヲ授ケ労作ノ習慣ヲ養ヒ以テ忠良ナル国民タルノ性格ヲ育成スルヲ其目的トス」という規定がある[11]。満洲国の「忠良ナル国民」の育成こそが「新学制」の目的だった。この点は槻木が指摘するとおりと言えよう。

3　日本側からだけでなく、地域の多面性から捉える

　第3に、日本側からだけでなく、地域の多面性から捉えるという主張である。以下のように、満洲国以前において日本の学校教育の展開を地域の多面性から位置づけようとした。

　　公学堂だけでなく一般に近代の中国東北の教育がどのように展開したかということと、満洲（関東州、満鉄附属地）での教育の展開の仕方は密接な関係がある。と言うよりは満洲の教育は―日本人の教育も含めて―中国東北の教育が展開する中で展開していたことは押さえておかなければならないだろう。／東北の教育が近代化する中では満洲の教育はどのような意味を持っていたのだろうか。満洲の教育は教育権回収運動に象徴されるように、中国人からひたすら歓迎されていたわけではなかった。また附属地外の学生が入学していたように公学堂のすべてが排斥されていたと言うわけでもなかった。我々にとって今必要なのは満洲の教育の一面のみを強調するのではなく、多面を持つ満洲の教育、特に公学堂の姿を明らかにすることであろう。植民地の教育を知るということは、植民地の教育を植民地の人々が成長する過程に位置付けて、その成長の過程で人々が自分の中に植民地の教育をどのように消化して行ったのかをつかむことであろう。特に満洲の場合には、日本の植民地教育の展開にもかかわらず、中国は中国独自の近代化の道筋を崩すことなく自らの教育を展開させて行ったことである。だから日本の植民地教育の大きな影響を受けながらも大筋は変えなかった中国東北の姿を知ることが、満洲における植民地教育を知ることの課題であろう[12]。

　公学堂とは、関東州および満鉄附属地で日本側が展開した初等学校のことである。公学堂は「中国東北の教育が展開する中」で展開されたことに注目する必要があると槻木は指摘する。さらに、公学堂は現地から常に排斥されていたわけでも歓迎されていたわけでもなく、「多面を持つ満洲の教育、特に公学堂の姿を明らかにする」ことの重要性を主張する。

さらに満洲での教育の展開は台湾や朝鮮のように日本の領土に組み込まれた地域とは異なり、「中国は中国独自の近代化の道筋を崩すことなく自らの教育を展開させて行っ」ており、「日本の植民地教育の大きな影響を受けながらも大筋は変えなかった中国東北の姿を知ることが、満洲における植民地教育を知ることの課題」だと結論づける。中国側の研究では中国における日本の教育は「奴隷化教育（奴化教育）」という用語で非難される。しかし槻木は、地域の住民が日本の教育とどう向き合い、受容していったのか、という側面に注目する。それは住民の主体的選択の可能性に目を向けていたとも言えるだろう。

4　仲間作りの場としての教育組織

第4に、仲間作りの場としての教育組織という主張である。地域の住民にとっての意味を以下のように述べる。

> （「鏡泊湖学園計画」には：引用者註）それまでの日本列島の伝統である「村」あるいは「仲間」のイメージがあったのではないだろうか。（略）共同作業をするために「村」の住民は仲間意識を創り出さなければならない。そのために、時に飲食を共にし、時には和歌や俳句の会を開き、また神輿を担いで年一度の祭りをする。こうした会や行事は仲間づくりに欠かせないものである。また村の僧侶に導かれて皆で同じ神社仏閣を参拝し、その僧侶の指導で「お経」を唱える。さらに私塾や寺子屋で難しい漢文を学ぶことも、すべて共通の思い出を創り出すためのものである。その意味で、私塾や寺子屋という教育組織も、何か新しい知識を教えてもらうことが主たる狙いではなく、仲間作りをする場所であった。成績よりも同じ師匠に学んだという思いが大切である。開拓村にかならず神社を作り「東方遙拝」をしたのは、多様な宗派の開拓民をまとめるためである[13]。

鏡泊湖学園計画とは、国士舘高等拓殖学校などで学生に訓練を行い、彼らを中国黒竜江省牡丹江市にある鏡泊湖に送り、集団移民としての学園村を作る計画のことである。この文章で槻木は、住民にとっての意味を

「仲間作りをする場所」という学校の機能の側面に注目して論じる。特に近世以前の「村」の機能に着目し、そこでの寺子屋や私塾は「新しい知識を教えてもらうことが主たる狙いではなく、仲間作りをする場所」だったとする。新しい知識技能の習得だけでなく、「同じ師匠に学んだという思いが大切」とする。つまり共通の教育体験を有する集団作りこそ、槻木が学校に見出した重要な機能だった。さらに槻木は、「鏡泊学園「村」の建設には、こうした伝統的な仲間意識を基礎とした「村」のイメージが生きたのではないか」と推察する[14]。そうした「村」を築いた人物として槻木は田島梧郎を取り上げる[15]。田島らは1934年に山田悌一率いる鏡泊学園の一員として鏡泊湖に移住した。しかし同年5月に大廟嶺事件が起こり、「匪賊」によって山田らが殺害される。1935年11月に鏡泊学園の第1回卒業式が行われると、学園は解散する。しかし学園が解散しても、田島らは鏡泊湖に残留し続ける。1944年春に日本の警察隊による鏡泊村村長等幹部が逮捕される「鏡泊湖事件」が起こった。この事件について、槻木は以下のように述べる。

> 「鏡泊湖事件」とは、日本側を積極的に支援しない住民に信頼を持てなかった軍部が、抗日運動を取り締まるために十分な問題も証拠も見つけないままに、住民の幹部を逮捕したことに始まる。かなり強引な取り調べもあったようだ。そして事態はそれらの幹部に死刑判決を出すまでに進んでいく[16]。

しかし、検挙された人物と懇意だった田島は救援に動き、鏡泊学園の一員であることを強調して日本側の官公庁や協和会などに働きかけた。その結果死刑判決を取りやめさせることができた。この事例を踏まえ、槻木は「満洲国の建国は日中関係としては中国の領土を奪うものであった。その一方で満洲に住む日本人にとっては、一〇年や二〇年はかかるだろうが、「満人」、「鮮人」と共に故郷を作る作業でもあった」とし[17]、満洲で地域住民と共に「村」を作った田島らに思いを寄せる。

5 軍・教育・宗教

　第5に、軍・教育・宗教それぞれの関わりの中で満洲教育史研究を位置づけることである。「満洲国期研究の課題―軍と教育と宗教」には以下のようにある。

　　例えば満洲の教育政策に関与した人として追わなければならないのは、第一に参謀本部と関係を持っていた軍人である。また関東庁で采配を振るった台湾総督府出身者の動向も見逃せない。1920年代、30年代の満洲政策に大きな影響を持ったのは朝鮮総督府関係者であって、特に斎藤実総督を取り巻く人々は重要である。しかし、軍の教育活動は軍人の手だけで行われたものではない。関東州や満鉄附属地の具体的な教育活動や政策の基礎を作ったのは、日清戦争から日露戦争の間に中国に派遣された経験を持つ「日本人教習」や「顧問」であったこともしっかりと押さえなければならない。そして教習や顧問は、ある場合は軍人であることもあったが、また民間人で何らかの形で軍と結びつきがあったと思われる人々もあった。／軍の問題を考える時に欠くことができないのは、日本の宗教団体が海外で行った布教（開教）活動であり、この活動に組み込まれた教育活動である。アジアにおける海外開教にからむ教育活動については、既に金光教、天理教、曹洞宗、浄土真宗大谷派などについて調査が始まっていて、資料も少しずつではあるが増えている。またキリスト教関係についても多少のドキュメントなどが作られて、資料の整理が始まっている。しかし、そうした活動を宗派の内部に閉じ込めるのではなく、日本の社会や中国の社会の動きのなかに位置づける作業はまさにこれからである[18]。

　満洲の教育政策に係わった勢力として第1に軍人（参謀本部、台湾総督府、朝鮮総督府）を挙げ、第2に1900年前後に中国に派遣された日本人教習、第3に宗教団体を挙げる。しかもそれらが別個の勢力だったのではなく、同じ人物がそれぞれの側面を持つように、相互に重なっていたことを指摘する。また宗教団体の資料についての言及があるように、槻木は

21世紀以降、「軍と教育と宗教」を自覚的に主要テーマとしていた。そのためこの問題関心に基づき、「アジアにおける日本の軍・学校・宗教関係資料」シリーズ（龍渓書舎）を2011年から刊行している。

さらに、中国大陸で活動した日本人教習について、槻木は具体的に以下のように述べる。

　　　これまで「対支文化事業」に関与した日本人教習については、それなりの調査が行われてきている。しかし満洲の教育活動に係わった教習についてはほとんど追跡できていない。この教習や顧問の中には、日露戦争中の占領地に作られた軍政署で、中国人教育に関わった軍人がいた。また中国の吉林には、中国側の教育行政に携わった峯旗良充のような浄土宗の僧侶がいた。あるいは最初は昌図府知事の家庭教師として雇われていたのに、後に中国側学校の奉天法政学堂の教師に転じた泉廉治のような人もいた。その外にも、清末に中国側の学校の校長として雇われ、その後に日本側の学校の校長となった経歴を持つ人々がいることもわかっている。／これらの人々は中国東北の社会と大変密接な関係を持っていた。それだけに、彼らをいわゆる植民地教育関係者とだけ見るのではなく、中国の近代教育の展開過程に関与した人としても、その関係を丁寧に見ていく必要がある[19]。

「対支文化事業」以外の日本人教習の事例として峯旗良充や泉廉治といった人物を取り上げ、「中国東北の社会と大変密接な関係を持っていた」ことを指摘する。こうした人物を「植民地教育関係者とだけ見るのではなく、中国の近代教育の展開過程に関与した人としても、その関係を丁寧に見ていく必要」があると結論付ける。このように、満洲に関わった日本人教習の具体的な姿を追い、彼らが地域とどのように関わり、それが中国での近代教育の展開にどうつながったのか追究することの重要性を説く。こうした人物の事例として槻木は太田覚眠を取り上げる。

　　　太田（覚眠かくみん、浄土宗西本願寺の僧侶：引用者註）のように国士、右翼、アジア主義者など多様な呼び方をされる人々を、スパ

イという荒い言葉で切り捨ててしまってはその本質を理解することはできないだろう。日本海対岸への思いは現在の日本人にも濃厚に残っているのだから、こうした人々を丁寧に心のひだにまで入って理解することが、これからのアジアとの関係を構築する上で必要である[20]。

　太田覚眠のような宗教家を、「スパイという荒い言葉で切り捨て」てはならないと警告する。すなわち、短絡的なレッテルを貼るのではなく、そうした人々の「心のひだにまで入って理解する」ことの重要性を説く。そのことが、日本人の日本海対岸への想い、言い換えれば日本人の満洲観を解明し、そのことがアジアとの関係を築く上で重要だと槻木は考えていた。

　槻木は他にも日高丙子郎という人物にこだわっていた。日高が間島での宗教活動を通じて朝鮮人教育に関わり、朝鮮総督府との結びつきを背景に光明学校を設立したことに対して、槻木は強い関心を抱き続けた。「大陸布教と教育活動─日中戦争下の日語学校覚書」[21]をはじめ、「中国吉林省間島光明学校の展開─満洲における日本の朝鮮族教育政策と日高丙子郎─」[22]、「アジアにおける日本宗教教団の活動とその異民族教育に関する覚書─満洲における仏教教団の活動」[23]、「満洲国時代の宗教教団の活動と教育」[24]、「日本列島から見た在満朝鮮人教育史」[25]で日高丙子郎と光明学校について言及している。なお、「日本列島から見た在満朝鮮人教育史」では「近代的知識」を求めて多くの在満朝鮮人が光明学校に入り、間島で最も水準が高い学校と評されるようになったことを論じている[26]。このように、宗教活動と朝鮮総督府（軍）、教育活動の重なりとして日高を重視していた[27]。

　こうした人物を表面的に理解してレッテルを貼るのではなく、「心のひだ」にまで分け入って理解すること、そのことを槻木は生涯に亘って追究し続けた。

6　1945年で研究を止めない

　第6に、満洲教育史研究を1945年で研究を止めない、という主張である。

まず、戦後の教育学研究について以下のように槻木は批判する。

　　1945年の敗戦後には、「新教育運動」を「反体制運動」であると
　いう前提で展開する論が多々出る。しかし戦前の「新教育運動」は、
　「近代国家」を作り出すための「国民教育」を否定はしていない[28]。

　槻木が言及する「新教育運動」とは、おそらく「大正新教育」研究の
ことと思われる。一般に、「大正新教育」は大正期から昭和初期に日本で
広がった、欧米の教育理論や実践の紹介ないしは受容によって展開され
た運動で、硬直した学校教育を批判したが、1930年代以降は体制側の弾
圧に抗えなかったと捉えられている[29]。槻木の言う「新教育」は、こう
した一般論とは異なる。つまり、「新教育運動」と「体制側」を対立的に
捉えるのではなく、「近代国家」を作り出すための「国民教育」を行おう
とした点では変わらない、と捉えるのである。
　さらに槻木は以下のように述べ、1945年で満洲教育史研究を打ち切る
研究姿勢を批判する。

　　1945年とは日本の敗戦の年である。しかしだからといって1945年
　で満洲国研究を終わらせるのはどうであろうか。満洲国の時代が終
　わるとすぐに、翌日から新中国の教育が始まったわけではない。新
　中国は満洲国教育をどのように整理して、次にどのように新しい教
　育を東北の地に作ろうかと、さまざまに模索している。この問題を
　視野に入れてはじめて満洲国の教育史研究が成立する[30]。

　槻木は戦後の研究に対して、「1945年で満洲国研究を終わらせるのはど
うであろうか」と批判する。というのも、日本の敗戦に伴って満洲国が
崩壊したが、「新中国」[31]の教育にすぐに切り替わった訳ではないからで
ある。「新中国」は「満洲国教育」をどのように引き継ぎ、何を引き継が
なかったのか。その上でどのような新しい教育が展開されたのか。こう
した視点を槻木は求めた。
　では、槻木のタイムスパンはどのようなものだったのだろうか。「「近
代教育」の時代を考えると、19世紀後半をスタートにして、20世紀末ま

38 I. 特集 「満洲・満洲国」教育史研究の固有性と独自性を考える

でが視野に入ってくる」とし、具体的には「最初は北京同文館が作られ
た同治中興あたりから、最後は文化大革命の終了ぐらいが視野に入る」
としている[32]。周知のように、1860年代の「同治中興」において洋務運
動が展開し、1960年代から70年代にかけて文化大革命が行われた。満洲
教育史を日露戦争後の1905年から、日本の敗戦の1945年までを区切りと
する研究が一般的だが、槻木は100年ほどのタイムスパンで満洲教育史を
捉えることを主張した。このような長いタイムスパンで見ることで、「戦
前／戦後」の連続面を捉えることを訴えたのではないだろうか。という
のも、槻木は以下のように日本の敗戦後における満洲教育について述べ
ているからである。

　　日本の敗戦後に満洲、大陸、台湾、朝鮮では、無数と言って良いほ
　ど多くの「日僑学校」が作られる。これらの学校では、例えば敗戦
　前に新教育関係者が発行していた「コドモ満洲」という雑誌や、戦
　前に使われた郷土を教材とした教科書が使われることもあった。そ
　の意味で敗戦後も「新教育」はまだ生きていた。／一般に「日僑学
　校」とは、呼び名は土地によって多様であるが、日本の抑留者、残
　留者の子弟の学校を意味していて、国府軍や閻錫山などの軍閥の下
　に作られることもあった[33]。

　日本の敗戦と満洲国崩壊があっても、在満日本人教育は継続した。槻
木は敗戦後の在満日本人教育施設を「日僑学校」とし、戦前に使われてい
た郷土教材が教科書として使われていたことを指摘する。すなわち、敗
戦後も継続した日本人教育に注目することで、「戦前／戦後」の連続面を
捉えようとしたのである。

3. おわりに

　以上、本稿では槻木瑞生が書き残してきた仕事を主に6点に絞って追っ
てきた。そこから見えてくる視座は、槻木は満洲教育史研究を発表した
当初から、「国家目線ではなく、住民目線」で歴史を捕らえることの重要

性である。さらに、そうした住民の一員となった日本人や住民の「心の
ひだにまで入って理解する」ことを求めた。

　私事になるが、槻木が亡くなる直前に、病床にあった槻木から「頼ん
だよ」と思いを託された。しかし、果たして私自身が槻木瑞生の「心の
ひだ」にどれだけ分け入ることができたか、甚だ心許ない。本稿で用い
た槻木の言葉は、いずれも出典が明記できるものから引用してきた。実
は私宛の私信が数多くあるのだが、そこから引用することはできない。

　私見では、槻木は地域の住民の立場から、近代において人々の生きる
姿に軍という権力を背景にする宗教や教育がどのように関わり、人々の
生活を変容していったのかという点にこだわり続けた[34]。日中関係のよう
な国家側の論理だけでなく、地域や対象都市、対象人物を限定し、トー
タルに理解するよう寄り添っていくこと、すなわち「心のひだ」に分け入
っていくことこそ、槻木の研究から我々が学ぶべきことではないだろうか。

註
1　山本一生「《追悼》故槻木瑞生先生を憶う」『アジア教育史研究』28.29 巻、
　　2020年、115頁。
2　他に以下の数の論考を執筆している。教科書研究：7、言語教育：3、東南ア
　　ジア史：10、幼児教育：7、日本教育史：5、教育学：8、イギリス史：1。
3　山本一生「戦後における満洲教育史研究の展開 - 槻木瑞生氏の研究を中心に -」
　　『近現代東北アジア地域史研究会ニューズレター』第33号、2021年、122頁。
4　槻木瑞生「満洲国の学校制度が成立するまでの状況―近代中国延吉県地域史
　　研究―」『アジア教育史研究』16号、2007年、1頁。
5　槻木瑞生「中国東北地区朝鮮族の教育構造の変化―満洲国期を中心に（特集
　　東アジアの社会変動と教育）」『東アジア研究』大阪経済法科大学、第41号、
　　2005年、22頁。
6　槻木瑞生「日本旧植民地における教育―1920年代の「満州」における中国人
　　教育を中心として」『名古屋大學教育學部紀要 教育学科』20号、1973年、121頁。
7　槻木瑞生「中国東北地区朝鮮族の教育構造の変化―満洲国期を中心に（特集
　　東アジアの社会変動と教育）」『東アジア研究』大阪経済法科大学、第41号、
　　2005年、22頁。
8　槻木瑞生「満洲教育史研究のフロンティア―いま満洲教育史研究が直面して
　　いる問題」大阪経済法科大学アジア研究所『東アジア研究』第44号、2006年、
　　11-12頁。
9　槻木瑞生「満洲教育史概略：その土地に生きた人の視点から」『近現代東北ア
　　ジア地域史研究ニューズレター』24号、2012年、7頁。
10　三谷裕美「満洲国における「国語」政策―「新学制」にみる「国家」と「国語」

40 I. 特集 「満洲・満洲国」教育史研究の固有性と独自性を考える

像─」『東京女子大学紀要論集』46巻2号、1996年、103頁。

11 民政部教育司『康徳四年十一月一日　学校令及学校規程』20頁『「満洲・満洲国」教育資料集成　第3巻　教育法規』エムティ出版、1993年、310頁。

12 槻木瑞生「満洲における公学堂の位置付け─四平街公学堂を中心に─」『同朋福祉（人間福祉編）』6号、2000年、8頁。

13 槻木瑞生「大陸と鏡泊学園」『国士舘史研究年報』第4号、2012年、26頁。

14 槻木同上、27頁。

15 槻木同上、29頁。

16 槻木同上、30頁。

17 槻木同上、30頁。

18 槻木瑞生「満洲教育史」教育史学会編『教育史研究の最前線』日本図書センター、2007年、150頁。

19 槻木瑞生「満洲教育史研究のフロンティア─いま満洲教育史研究が直面している問題」大阪経済法科大学アジア研究所『東アジア研究』第44号、2006年、9頁。

20 槻木瑞生「アジアにおける日本宗教教団の活動とその異民族教育に関する覚書─満洲における仏教教団の活動」『同朋大学仏教文化研究所紀要』22号、2002年、6頁。

21 槻木瑞生「大陸布教と教育活動─日中戦争下の日語学校覚書」『同朋大学論叢』64/65号、1991年。

22 槻木瑞生「中国吉林省間島光明学校の展開─満洲における日本の朝鮮族教育政策と日高丙子郎─」平成4・5年度科研費補助金研究成果報告書『戦前日本の植民地教育政策に関する総合的研究』、1994年。

23 槻木瑞生「アジアにおける日本宗教教団の活動とその異民族教育に関する覚書─満洲における仏教教団の活動」『同朋大学仏教文化研究所紀要』22号、2002年。のち『日中両国の視点から語る植民地期満洲の宗教』柏書房、2007年に収録。

24 槻木瑞生「満洲国時代の宗教教団の活動と教育」『東アジア研究』48号、大阪経済法科大学アジア研究所、2007年。

25 槻木瑞生「日本列島から見た在満朝鮮人教育史」『満洲及び朝鮮教育史─国際的なアプローチ─』花書房、2016年。

26 槻木同上、17-20頁。

27 槻木は他に、浜名寛祐や鈴木庫三といった陸軍軍人などにも関心を持っていた。

28 槻木瑞生「アジアの文化・技術の流れの中の満洲教育史─日本の「国民教育」と「新教育」─」『平成22-24年度科学研究費補助金研究成果報告書』2013年、23頁。

29 橋本美保「新教育の受容史とは」『大正新教育の受容史』東信堂、2018年、4-6頁。

30 槻木瑞生「満洲教育史研究のフロンティア」大阪経済法科大学アジア研究所『東アジア研究』第44号、2006年、5頁。

31 中華人民共和国の成立は1949年10月であるため、ここでいう「新中国」とは戦後国民政府のことと思われる。

32 槻木瑞生「満洲教育史研究のフロンティア」大阪経済法科大学アジア研究所『東アジア研究』第44号、2006年、5頁。

33 槻木瑞生「アジアの文化・技術の流れの中の満洲教育史─日本の「国民教育」

と「新教育」―」『平成22-24年度科学研究費補助金研究成果報告書』2013年、26頁。

34 山本一生「戦後における満洲教育史研究の展開-槻木瑞生氏の研究を中心に-」『近現代東北アジア地域史研究会ニューズレター』第33号、2021年、124頁。

別表 槻木端生による満洲教育史論文一覧

書名・論文名	収録書籍・雑誌等	号	発行主体	発行年
日本旧植民地における教育―1920年代の「満州」における中国人教育を中心として	名古屋大學教育學部紀要教育学科	20	名古屋大学教育学部	1973
日本旧植民地における教育―「満州」および間島における朝鮮人教育	名古屋大學教育學部紀要教育学科	21	名古屋大学教育学部	1974
日本旧植民地における教育―日露戦争下における軍政署と教育―	岡崎女子短期大学研究報告	14	岡崎女子短期大学	1981
日本旧植民地における教育―関東州公学堂南金書院と岩間徳也―	岡崎女子短期大学研究報告	15	岡崎女子短期大学	1982
戦前満洲における日本人の教育活動―三宅俊成氏インタビュー記録―	国立教育研究所研究	5	国立教育研究所	1982
満洲における近代教育の展開と満鉄の教育	日中教育文化交流と摩擦		第一書房	1983
南満中学堂 覚書	同朋大学論叢	56	同朋学会	1987
関東州普蘭店公学堂についての覚書	同朋大学紀要	1	同朋大学	1987
岩間徳也と「満州」の中国人教育（お雇い日本人教習の研究―アジアの教育近代化と日本人）―（中国の教育近代化と日本人教習）	国立教育研究所紀要	115	国立教育研究所	1988
満鉄の教師たち―中国人教育に携わった日本人の履歴―	同朋大学紀要一般教養課程	2	同朋大学	1988
中国東北地区における近代教育の発生	同朋大学論叢	61	同朋学会	1989
満鉄の教育を創った人々	同朋大学紀要	3	同朋大学	1989

42　I. 特集 「満洲・満洲国」教育史研究の固有性と独自性を考える

書名・論文名	収録書籍・雑誌等	号	発行主体	発行年
「満州」に於ける教員養成：「満州国」師道学校について（総力戦下における「満州国」の教育・科学・技術政策の研究）	調査研究報告	30	学習院大学	1990
大陸布教と教育活動―日中戦争下の日語学校覚書	同朋大学論叢	64/65	同朋学会	1991
「満洲」開教と布教使の教育活動	同朋大学紀要	5	同朋大学	1991
南満中学堂回顧録	第一輯中国遼寧省教育史志編纂委			1992
中国吉林省竜井村の朝鮮人学校―東北地区朝鮮族の学校の展開（戦前日本のアジアへの教育関与）―（日本の朝鮮・台湾における植民地教育政策とその対応）	国立教育研究所紀要	121	国立教育研究所	1992
元「満洲国」文教関係者が語る「満洲国」教育の実態―後藤春吉氏へのインタビュー記録			文部省科研総合研A報告書	1993
「満洲」教育史の時代区分について	「満洲国」教育史研究	1	東海教育研究所	1993
中国東北の朝鮮族と教育権回収運動	同朋大学論叢	70	同朋学会	1994
中国吉林省間島光明学校の展開―満洲における日本の朝鮮族教育政策と日高丙子郎―			平成4・5年度科研費補助金研究成果報告書	1994
教育史研究の課題	同朋大学紀要	8	同朋大学	1994
インタビュー記録　間島における朝鮮族の学校	「満洲国」教育史研究	2	東海教育研究所	1994
真宗によるアジア開教・教育事業記事の集成：日本の開教活動とアジア認識 -「中外日報」のアジア関係記事から -	大谷大学真宗総合研究所研究紀要	12		1995
大陸布教と教育活動：日中戦争下の日語学校 覚書（2）	同朋福祉（人間福祉編）	2	同朋大学	1996
教科書と満洲	同朋福祉（人間福祉編）	3	同朋大学	1997
満洲国における学校体系の展開―間島省の「新学制」	同朋大学論叢	77	同朋学会	1998

書名・論文名	収録書籍・雑誌等	号	発行主体	発行年
満洲教育研究からの希望	新京工業大学同窓会蘭桜会第51回パンフレット			1998
満洲の教育	新京工業大学同窓会蘭桜会第50回記念大会パンフレット			1998
中国延辺朝鮮族自治州調査記	News letter	10	近現代東北アジア地域史研究会	1998
「大東亜戦争」下の宗教団体法	中外日報			1998
中国近代教育の発生と私塾—中国間島における近代的学校の発生	東アジア研究	24	大阪経済法科大学アジア研究所	1999
中国間島における朝鮮族学校の展開—1910年代から1920年代初頭にかけて	東アジア研究	25	大阪経済法科大学アジア研究所	1999
満洲国高等教育機関の日本人教育—新京工業大学の場合—	同朋福祉（人間福祉編）	5	同朋大学	1999
満洲における公学堂の位置づけ—四平街公学堂を中心に—	同朋福祉（人間福祉編）	6	同朋大学	2000
満洲国と朝鮮族の教育	教育における民族的相克		東方書店	2000
満洲における朝鮮族と普通学校—満鉄付属地を中心として—	平成10・11・12年度科学研究費補助金研究成果報告書		平成10・11・12年度科学研究費補助金研究成果報告書	2001
アジアにおける日本宗教教団の活動とその異民族教育に関する覚書—満洲における仏教教団の活動	同朋大学仏教文化研究所紀要	22	同朋大学仏教文化研究所	2002
満洲における日本人教育	在外子弟教育の研究		玉川大学出版会	2003
在満学校関係者の手記目録（第一回稿）	同朋大学仏教文化研究所紀要	23	同朋大学仏教文化研究所	2004
「在満学校関係者手記目録（第二回稿）」作成について	News letter	16	近現代東北アジア地域史研究会	2004
「在満学校関係者手記目録」作成について	植民地教育史研究年報	7	皓星社	2004
満洲国の教科書　中華人民共和国吉林省偽満皇宮博物院所蔵	平和のための戦争展パンフレット		平和のための戦争展パンフレット	2005

書名・論文名	収録書籍・雑誌等	号	発行主体	発行年
中国東北地区朝鮮族の教育構造の変化―満洲国期を中心に（特集 東アジアの社会変動と教育）	東アジア研究	41	大阪経済法科大学アジア研究所	2005
気になるコトバ「満州」と「満洲」	植民地教育史研究年報	8	皓星社	2005
在満学校関係者手記目録（第三回稿）	同朋大学仏教文化研究所紀要	25	同朋大学仏教文化研究所	2006
在外学校同窓会資料・在外学校教育資料の収集―私的文書の持つ意味について	News letter	18	近現代東北アジア地域史研究会	2006
満洲教育史研究のフロンティア―いま満洲教育史研究が直面している問題（特集 東アジア文化史研究会）	東アジア研究	45	大阪経済法科大学アジア研究所	2006
満洲における日本仏教教団の異民族教育	日中両国の視点から語る植民地期満洲の宗教		柏書房	2007
満洲教育史	教育史研究の最前線		日本図書センター	2007
満洲開教と曹洞宗―異民族への教育活動を中心に―	日中両国の視点から語る植民地期満洲の宗教		柏書房	2007
満洲国時代の宗教教団の活動と教育（特集「日中戦争期の外地における日本の宗教活動」について）	東アジア研究	48	大阪経済法科大学アジア研究所	2007
満州国の学校制度が成立するまでの状況―近代中国延吉県地域史研究	アジア教育史研究	16	アジア教育史学会	2007
満洲の教科書（植民地教科書と国定教科書）―（国際シンポジウム 植民地教科書と国定教科書―何を教え、何を教えなかったか）	植民地教育史研究年報	11	皓星社	2008
戦前「外地」における郷土教育	玉川大学教育博物館紀要	6	玉川大学教育博物館	2009
日本人にとっての日本海対岸、大陸の姿	満蒙の新しい地平線：衛藤瀋吉先生追悼号		桜美林大学北東アジア総合研究所	2010
海龍県へ移住した朝鮮人と「近代学校」：満洲国成立期までに	社会と人文	7	社会・人文研究会	2010

書名・論文名	収録書籍・雑誌等	号	発行主体	発行年
満洲国以前の吉林省の教育施設	玉川大学教育博物館紀要	7	玉川大学教育博物館	2010
満洲教育史を見直す			天馬鞍山中学校同窓会	2011
軍と教育と宗教	図書新聞			2011
関東州・満洲の教育			南満洲工業専門学校伏水会	2011
日本列島から満洲がどのように見えたのか―日本の教育と満洲との関係―	「民族協和」は実現したか?―満州国建国大学の歩みより―		名古屋建大研究会	2012
教育とディアスポラ―満州と日本の教育の関係―	アジア教育史学会史学の開拓		アジア教育史学会	2012
満洲教育史概略:その土地に生きた人の視点から	News letter	24	近現代東北アジア地域史研究会	2012
大陸と鏡泊学園	国士舘史研究年報楓原	4	国士舘史資料室	2013
アジアの文化・技術の流れの中の満洲教育史―日本の「国民教育」と「新教育」―			平成22-24年度科学研究費補助金研究成果報告書	2013
東アジア・東北アジアの「日籍学校」について	セーヴェルСевер	31	ハルビン・ウラジオストクを語る会	2015
日本列島から見た在満朝鮮人教育史	満洲及び朝鮮教育史―国際的なアプローチ―		花書房	2016
広島高等師範と新教育運動	「外地」中等教員ネットワークの形成過程―広島高等師範学校を中心に―		平成26年―平成28年度科学研究費助成事業(科学研究費補助金)挑戦的萌芽研究「帝国日本の「外地」中等教員ネットワーク」	2017

原正敏の仕事
──職業技術教育史研究はなぜ満洲に関心を寄せたのか──

丸山剛史[*]

1. はじめに

　原正敏（1923-2010年）は、わが国を代表する技術教育史研究者として知られている。そして、技術教育史研究者で植民地技術教育史研究、とくに「満洲国」技術教育史研究に取り組んだ者は原以外に皆無と言ってよい。原は、日本科学史学会編『日本科学技術史体系　8-10　教育1-3』（第一法規出版、1964-1966年）、国立教育研究所編『日本近代教育百年史　9・10　産業教育1・2』（1973年）、原・内田糺編『講座現代技術と教育　8　技術教育の歴史と展望』（開隆堂出版、1975年）において、通史的研究に取り組み、大学に在籍できる期間も少なくなった頃に「満洲国」技術員・技術工研究に取り組んだ。詳細は、拙稿「宇都宮大学所蔵「満洲国」技術員・技術工養成関係資料目録―解説と凡例」（『植民地教育史研究年報』第11号、2009年）を参照されたい。

　なお、企画者は「職業技術教育」という語を用いているが、これは職業教育としての技術教育と普通教育としての技術教育を区別した語であり、ここでは特に区別せず「技術教育」と表記する。

2. 原正敏について

　原は第二次大戦敗戦前に東京帝国大学工学部造兵学科に学んだ。裕福な家庭ではなかったため、大学進学に際し、海軍技術学生に採用されるよ

*宇都宮大学

う、工学部造兵学科を選択した。造兵学科を選択したこともあり、戦後の就職は出版社勤務となった。その後、新制高等学校理科、工業科教師となり、その傍ら明治大学工学部で図学の非常勤講師を務めていたことが契機になり、1961年東京大学教養学部図学担当となる。東京大学勤務に際し、研究計画を立案せねばならず、他の者が手を着けておらず、研究の余地が残されていた、技術教育・職業教育の分野に進むことにしたという。長谷川淳の紹介により、東京大学教育学部の細谷俊夫の指導を受けるようになり、技術教育史研究が本格化した。

　原は『日本近代教育百年史　産業教育』を執筆することになり、執筆のために資料収集をおこなった際に日満鉱工技術員養成所関係資料を入手し、「満洲国」技術員・技術工養成が視野に入ってきた。しかし、1980年代に千葉大学教育学部を定年退職する頃まで研究に着手することはなかった。原は研究に着手することになった経緯や動機を次のように述べている。

　　「1983年（1973年の誤り：引用者）、学制百年を記念して、国立教育研究所から『日本近代教育百年史』（全10巻）が刊行された。私は、その第9巻・第10巻の一部を分担した。第10巻第2篇工業教育のうち、とりわけ第5章「戦時体制の進行と工業教育」を執筆する過程で、わが国の工業教育・技術教育を論じるに当って、軍隊における技術教育と植民地とくに満洲での技術教育との関連を抜きにしては全体像が正確につかまえることが困難であることを痛感した。第10巻では第5章のほか、明治末から大正期を扱った第4章「産業の発展と工業教育」をも担当したが、その資料収集過程で、直方市で九州日満鉱業技術員養成所の資料を入手したが、転勤、引越の際、紛失してしまった。（中略：引用者）1988年が日満技術工養成所設立50周年にあたるので、この時期を一応のめどとして、1985年秋から研究に着手し、昭和61年度文部省科学研究費補助金（一般研究C）を申請した。幸いにして昭和62・63年度補助金の交付を得、本格的な研究を推進することが可能になった。調査のなかで、社団法人満洲鉱工技術員協会と財団法人日満技術員協会の関係と役割が明確になり、また満洲鉱工青少年技術生訓練所で訓練を受けて渡満、工場や鉱山で働い

た人に出会った。同訓練所で訓練が開始された1942年度以前、即ち、1940年度と41年度は、内原の満蒙開拓青少年義勇軍訓練所に委託して訓練が行われ、「鉱工義勇軍」とも俗称された。とりわけ東辺道地区の炭坑・鉱山に入り、敗戦時になめた辛酸を聞くにつれ、<u>この歴史的事実を世に問いたいという念にかられた</u>。たしかに満蒙開拓青年義勇軍は悲惨であったが、その事実は上笙一郎『満蒙開拓青少年義勇軍』1973年（中央公論社）や、桜本富雄『満蒙開拓青少年義勇軍』1987年（青木書店）によって明らかにされている。<u>「鉱工義勇軍」の存在を後世に遺すことは、同世代を生きた技術教育史研究者の義務ではないか、と考え、その背景を総体的に明らかにするものとして本研究に取り組んだのである</u>。」（原正敏「まえがき」『1987・1988年度文部省科学研究費補助金（一般研究C）研究成果報告書　戦時体制下の旧満洲における技術員・技術工養成の総合的研究』、1989年。下線、引用者）

『日本近代教育百年史』第10巻、特に第5章執筆過程に関して、「軍隊における技術教育と植民地とくに満洲での技術教育の関連を抜きにしては全体像が正確につかまえることが困難であることを痛感した」と記されている。

　しかし、第5章は「戦時体制の進行と工業教育」として1920年代後半以降における青年訓練所設置から実業補習学校との統合、そして青年学校設置に至る過程が記されており、軍部の関与は記されているが、植民地における技術教育への直接的な言及は見当たらない。したがって、原のいう「軍隊における技術教育と植民地とくに満洲での技術教育との関連」の詳細はすぐにはわからない。

3. 原の「満洲国」技術員・技術工養成研究について

　原が「満洲国」技術員・技術工養成研究において検討対象とした機関・施設は、次のとおりである。
　1) 日満鉱工技術員協会、2) 満洲鉱工技術員協会、3) 立命館日満高等工

学校、4)「満洲国」内の技術員・技術工養成施設、5) 満洲鉱工青少年技術生訓練所、6) 土木技術員養成所、7) 中国人対象の教育訓練、とくに新学制における国民高等学校。

　日本国内での関係者への聴き取りから始めて、中国に渡って資料調査を行い、『鉱工満洲』誌記事を手がかりとした論考の執筆へと進んでいった。論考では必ずといってよいほど前書きで、「満洲国が、関東軍の武力占領による傀儡国家であったことに異をとなえるものはあるまい。」と書かれている。そして協和会東京事務所 (運営委員：石原莞爾、本庄繁、片倉衷ら) の技術員・技術工養成への関与が追究されていた。絶えず軍との関係が視野に入れられていた。

　原には、このテーマに関する集大成的論文がある。名古屋大学教育学部技術教育学研究室研究報告『技術教育学研究』誌掲載の「『満洲国』の技術員・技術工養成をめぐる若干の考察」がそれである。この論考の「おわりに」には次のように記されている。

　　「周知のように、"満洲国"自体、関東軍のイニシアによって『建
　　国』されたもので、政府機構・人事すべてが関東軍によって握られ
　　ていた。したがって、新学制の理念や制度も関東軍の支持・了承を
　　得ていたことは疑いない。しかし、普通教育だけの中等学校を全く
　　認めないという世界教育史上、類のない制度が採用された経緯につ
　　いては明らかではない。」(13頁)

　原は、この世界教育史上、類例のない教育制度 (「満洲国」における国民高等学校をさす) を追究したかったのだと思われる。

4. おわりに

　原はなぜ「満洲国」の職業技術教育史研究に関心を寄せたのか、と問われれば、同時代の研究者として埋もれさせてはいけない歴史的事実を歴史に刻みつけようとしたからである。「満洲国」での技術教育史研究に注目したのは、このテーマに関して、「満洲国」という植民地において軍

が関与しながら世界教育史上、類例のない教育制度がつくられたからで
あったと考えられる。帝国日本の植民地のなかでも「満洲国」に諸矛盾
が強く現れていたとみたからではなかろうか。

　この件に関しては、筆者も検討を加えたことがあるが、深め切れてお
らず不十分であり、再検討してみたいと考えている（拙稿「『満洲国』国
民高等学校実業教科書編纂の思想的背景」佐藤広美・岡部芳広編『日本
の植民地教育を問う─植民地教科書には何が描かれていたのか─』皓星
社、2020年、294-313頁）。

Ⅱ．研究論文

1920年代における台湾公学校児童の学習状況
——学籍簿を史料として——

合津美穂[*]

1. はじめに

　これまで日本植民地期台湾の公学校教育については制度的側面に関する研究や教科書研究が蓄積されてきた。一方、教育の受け手である児童の学習の側面に関わる問題の解明が遅れている。その要因には、どのような史料をもって児童の学習状況を把握できるかという方法論的問題がある。近年、旧公学校に残存する学校文書を使用した研究[1]が進みつつある。学校文書の一つである学籍簿の学業成績欄には児童の6年間の成績が記載されており、ここから児童が学んだ教科目と評価を知ることができる。許佩賢は「従学籍簿看日治末期公学校女生的学習状況－以新竹公学校1942年学籍簿為中心」[2]において、1942年に卒業した新竹公学校の女子児童110名の学籍簿を史料として、入学年齢、家庭背景、続柄、中途退学、出席状況、卒業後の進路希望を明らかにした。論文のタイトルには「学習状況」とあるが、学業成績欄に関する分析・記述はない。

　本稿では学籍簿の学業成績欄に着目し、児童が公学校で学んだ教科目と成績を明らかにし、そこにどのような特徴がみられるのか考察する。なお、本稿で扱うのは、第二次台湾教育令が公布された1922年と翌1923年に入学し、公学校が激増した[3]1920年代に学んだ1927・1928年度卒業児童の学籍簿である。

---

[*]信州大学・長野大学非常勤講師

2．台湾公学校の学籍簿[4]

　1898年に公学校制度が発足すると、翌年には「学校ニ備ヘ置クヘキ諸帳簿ノ種類（学校諸帳簿ニ関スル件）」（内訓第57号）により学籍簿を含む学校文書の作成が指示された。学籍簿に関する規定が明記されたのは1904年の「台湾公学校規則」（府令第24号）第30条で、学校長は児童の情報（氏名、生年月日、住所、入退学年月日、卒業年月日）、保護者の情報（氏名、住所、職業、児童との続柄）、学業成績、身体の状況等を記載した学籍簿を調製するよう定められた。1912年の「台湾公学校規則改正」（府令第40号）では学籍簿の様式（第十号様式）が規定され、以後、公学校規則の内容変更に合わせて調整・修正が行われた。1913年の「台湾公学校規則中改正」（府令第90号）では、学校の実情によって様式の事項の変更・増加が認められることになった[5]。1922年に第二次台湾教育令を受けて公布された「台湾公立公学校規則」（府令第65号）により学籍簿の様式が変更されたが、本稿が対象とした学籍簿はこの様式（図1[6]参照）によるものである。その後も、1933年と1939年の「台湾公立公学校規則中改正」によって調整・修正が加えられ、1941年の国民学校制度実施によって公学校が国民学校へ移行するのにともない、学籍簿も「台湾公立国民学校規則」により大きく改訂された。

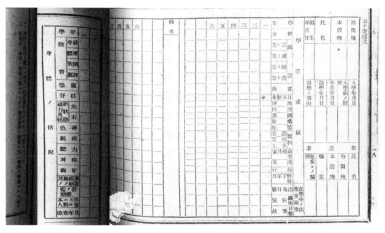

図1　1922年「台湾公立公学校規則」（府令第65号）学籍簿第十号様式

3．公学校の教科目と成績評価

　本稿が対象とする時期の公学校の教科目と成績評価の規定について、1922年公布の「台湾公立公学校規則」（府令第65号）を確認しておく[7]。

　教科目は第17条によって以下のように定められた。「土地ノ情況ニ依リ」という文言があることから、教科目の編成は学校が設置された地域の状況に合わせてある程度柔軟に運用されていたものと思われる。

　　　第17条　修業年限六年ノ公学校ノ教科目ハ修身、国語、算術、日本
　　　　　　　歴史、地理、理科、図画、唱歌、体操、実科、裁縫及家事
　　　　　　　トシ随意科目トシテ漢文ヲ加フ
　　　　　　　実科ハ農業、商業、手工ニ分チ其ノ一種又ハ二種ヲ男児ニ
　　　　　　　課シ裁縫及家事ハ之ヲ女児ニ課ス
　　　　　　　土地ノ情況ニ依リ漢文、裁縫及家事ハ之ヲ闕クコトヲ得

　各学年の教授程度と毎週教授時数は表1のとおりである。

　国語科は話し方、読み方、綴り方、書き方の四分科から成り、各分科に毎週の教授時間が配当されていた。一つの事例として、『公学校各科教授法全』[8]に示された配当を表2に示す。この配当では、綴り方は第3学年から開始され、第1学年の第6週までは全ての時間を話し方にあて、第7週から読み方を、後半期から書き方も開始することとしている。第2学年までは話し方に重点を置き、第3学年からは読み方の教授時間が話し方よりも多くなっている。これは国語科について規定した第25条第2項「国語ハ初ハ主トシテ話シ方ニ依リテ近易ナル口語ヲ授ケ漸次読ミ方、書キ方、綴リ方ヲ課シ進ミテハ平易ナル文語ヲ加フヘシ」に則ったものとなっている。

　成績については、第44条で「公学校ニ於テ各学年ノ課程ノ修了又ハ全教科ノ卒業ヲ認ムルニハ別ニ試験ヲ用キルコトナク児童平素ノ成績ヲ考査シテ之ヲ定ムヘシ」と定められた。評定に関する規程は同規則にはないことから、同規則発布の前年1921年の「台湾公学校規則」（府令第75号）第27条が運用されていたと思われる。同条は以下のとおりである[9]。各教科目の成績は10段階評価で記載することと規定されていた。

表1 修業年限六年ノ公学校各学年教授程度及毎週教授時数表

教科目	第1学年 程度	時数	第2学年 程度	時数	第3学年 程度	時数	第4学年 程度	時数	第5学年 程度	時数	第6学年 程度	時数
修身	道徳ノ要旨	2	道徳ノ要旨	2	道徳ノ要旨	2	道徳ノ要旨	2	道徳ノ要旨	2	道徳ノ要旨	2
国語	近易ナル話シ方、綴リ方、書キ方、読ミ方	12	近易ナル話シ方、綴リ方、書キ方、読ミ方	14	近易ナル話シ方、綴リ方、書キ方、読ミ方	14	普通ナル話シ方、綴リ方、書キ方、読ミ方	14	普通ノ話シ方、綴リ方、書キ方、読ミ方、諸等数	10	普通ノ話シ方、綴リ方、書キ方、読ミ方	10
算術	百以下ノ整数	5	千以下ノ整数	5	万以下ノ整数	6	整数、小数、諸等数（珠算加減）	6	整数、小数、諸等数（珠算加減）	4	分数、比例、歩合算（珠算加減乗除）	4
日本歴史									日本歴史ノ大要	2	前学年ノ続キ	2
地理									日本地理ノ大要	2	前学年ノ続キ 支那、南洋其ノ他ノ外国地理ノ大要	2
理科							植物、動物、鉱物及自然ノ現象、通常ノ物理化学上ノ現象	1	植物、動物、鉱物及自然ノ現象、通常ノ物理化学上ノ現象	2	植物、動物、鉱物及自然ノ現象、通常ノ物理化学上ノ現象、人身生理衛生ノ初歩	2
図画	簡易ナル描写		簡易ナル描写	1	簡易ナル描写	1	簡易ナル描写	1	簡易ナル描写	1	簡易ナル描写	1
唱歌	単音唱歌	3	単音唱歌	3	単音唱歌	1	単音唱歌	1	単音唱歌、簡易ナル複音唱歌	1	単音唱歌、簡易ナル複音唱歌	1
体操	体操、教練、遊戯		体操、教練、遊戯	2	体操、教練、遊戯	2	体操、教練、遊戯	2	体操、教練、遊戯	2	体操、教練、遊戯	2
実科									農業 農業ノ大要及実習 商業 商業ノ大要 手工 簡易ナル製作	4男	農業 農業ノ大要及実習 商業 商業ノ大要 手工 簡易ナル製作	4男
裁縫及家事							簡易ナル裁縫及手芸	2女	簡易ナル裁縫及手芸、家事ノ大要及実習	5女	普通ノ裁縫及手芸、家事ノ大要及実習	5女
漢文	平易ナル短句、短文ノ読ミ方、綴リ方	(2)	平易ナル短文ノ読ミ方、綴リ方	(2)	平易ナル文章ノ読ミ方、綴リ方	(2)	平易ナル文章ノ読ミ方、綴リ方	(2)	平易ナル文章ノ読ミ方、綴リ方	(2)	平易ナル文章ノ読ミ方、綴リ方	(2)
計		22(24)		24(26)		26(28)		男27(29) 女29(31)		男30(32) 女31(33)		男30(32) 女31(33)

1. 本表教授時数ノ外図画ハ一学校長ニ於テ第一学年、第二学年各毎週一時ヲ課スルコトヲ得
2. 本表教授時数ハ外ニ実科、裁縫及家事ノ為ニ学校長ニ於テ毎週三時内実習三時ヲ課スルコトヲ得

出所：1922年公布「台湾公立公学校規則」（府令第65号）（別記）第1号表をもとに筆者作成

56　Ⅱ．研究論文

表2　公学校「国語科」の各学年毎週教授時間配当

	公学校					
	1	2	3	4	5	6
話し方	第1学期第6週迄：12 後半期：6	6	4	4	2	2
読み方	同第7週より：6 後半期：4	第1学期：6 第2・3学期：5	5	5	4	4
綴り方	—	—	2	2	2	2
書き方	後半期：2	第1学期：2 第2・3学期：3	3	3	2	2
計	12	14	14	14	10	10

出所：久住栄一・藤本元次郎『公学校各科教授法全』新高堂、1924 年、52 頁掲載の表をもとに筆者作成

　　　第27条　各教科目ノ成績ハ点数ヲ以テ之ヲ表シ其ノ定点ハ一教科目
　　　　　　ニ付十点トシ操行ハ学校長ノ定ムル所ニ依リ之ヲ評定ス
　　　　　　前項ノ場合ニ於テ国語ハ話シ方、読ミ方、綴リ方、書キ方
　　　　　　ニ、実科ハ農業、商業、手工ニ分別シ各一教科目ト看做ス
　　　　　　但シ国語ハ第一学年ニ在リテハ之ヲ分別セサルコトヲ得
　　　　　　各学期間ニ於ケル成績ノ点数ヲ平均シタルモノヲ一学年間
　　　　　　ノ成績点トス
　　　　　　各教科目ノ成績四点以上ニシテ総平均六点ニ達スル者ヲ及
　　　　　　第トス
　　　　　　前項ノ場合ニ於テハ操行ノ評定ヲ斟酌スヘシ

4．研究方法

　調査対象としたのは媽祖廟公学校（台南州）、旧港公学校（新竹州）、龍肚公学校（高雄州）の3校[10]と、台南第二公学校（台南州）である。媽祖廟公学校、旧港公学校、龍肚公学校の3校はいずれも大正期に分校として設置され、同時期に独立した地方農村地域の学校である。一方、台南第二

公学校は都市部の台南市に明治期に設立された学校である。1920年代の台湾はその多くが農山漁村であったことから、地方農村地域の公学校の事例を見ることが欠かせない。また、地方農村地域と都市部にある公学校とを比較することで、それぞれの特徴が把握しやすくなるだろう。本稿で扱う事例は数が少ないため一般化は困難であるが、この4校の事例を通して何らかの傾向を見出してみたい。

　使用した各学校の学籍簿は表3のとおりである。1927・1928年度卒業児童の学業成績欄の成績を集計して平均点を算出し、各学校について学年別成績表（表4-6）と教科別成績のグラフ（図2-7）を作成した。なお、学籍簿は1927・1928年度に卒業した児童のものであり、中退者のものは含まれていない[11]。台南第二公学校については学籍簿が入手できなかったため、同校の学校沿革誌の成績表に記載された評価を使用し、1927・1928年度卒業生の学年別成績表（表7）と教科別成績のグラフ（図8・9）を作成した[12]。次節ではこれらをもとに分析していく。

表3　分析対象とした学籍簿

学校名	学籍簿数（女児数）	入学年度	卒業年度
媽祖廟公学校	13（0）	1922（大正11）	1927（昭和2）
	15（3）	1923（大正12）	1928（昭和3）
旧港公学校	34（0）	1922（大正11）	1927（昭和2）
	29（0）	1923（大正12）	1928（昭和3）
龍肚公学校	42（1）	1922（大正11）	1927（昭和2）
	65（5）	1923（大正12）	1928（昭和3）

出所：筆者作成

5．学籍簿にみる学習状況

　本節では各学校の特色を概観しつつ、児童が6年間に学んだ教科目と成績評価を見ていく。以下、各学校の1927年度卒業生を27年度生、1928年度卒業生を28年度生と記す。

5.1　媽祖廟公学校

　媽祖廟公学校は農村地域である台南州新豊郡帰仁庄に位置し、1916年に関帝廟公学校媽祖廟分校として設置され、1920年に独立した学校である。陳虹彣の調査[13]によれば、27・28年度生が在籍した頃は全校で4-5学級編成の小規模校だった。卒業後は高等科などに進学する者もいたが、大半が地域の中心産業である農業関連の仕事に就いていた。

　27・28年度生が学習した教科目と成績の平均は表4のとおりである。

表4　媽祖廟公学校27・28年度生の学年別成績　　　　　　　　　　　　　　出所：筆者作成

		第1学年		第2学年		第3学年		第4学年		第5学年		第6学年		総平均	
		27年度	28年度	27年度	28年度	27年度	28年度	27年度	28年度	27年度	28年度	27年度	28年度	27年度	28年度
修身		8.1	8.6	7.6	7.8	7.8	8.0	8.3	7.6	8.6	7.3	8.1	7.6	8.1	7.8
国語	話し方	8.2	8.9	7.8	7.7	7.8	7.7	7.8	7.4	8.6	7.1	8.2	7.3	8.1	7.7
	読み方	8.1	9.1	8.0	7.8	7.7	8.0	8.3	7.8	8.7	7.5	8.6	7.4	8.2	7.9
	綴り方	8.8		7.3	6.8	6.9	6.2	7.4	6.6	8.4	6.8	7.8	6.8	7.8	6.6
	書き方	7.7	6.0	7.5	7.3	7.6	7.5	8.3	7.7	9.0	7.7	9.0	8.0	8.2	7.4
算術		8.4	9.2	8.6	8.1	7.9	8.2	8.1	7.7	8.8	7.4	8.7	7.1	8.4	8.0
漢文		8.2	9.2	7.9	7.4	7.8	7.9	8.0	7.9	8.9	7.5	8.9	7.6	8.3	7.9
地理										8.5	6.6	7.8	6.7	8.2	6.7
理科								7.9	7.0	8.3	6.6	7.8	6.7	8.0	6.8
図画		7.4	7.0		7.1	7.3	7.4	7.7	7.5	8.2	7.4	8.7	7.9	7.9	7.4
実科	農業									8.6	7.9	8.6	7.9	8.6	7.9
	手工														
唱歌		8.0	9.4	7.9	7.9	7.4	7.9	7.8	8.1	8.6	7.7	8.8	7.9	8.1	8.2
体操		7.8	8.6	7.7	7.5	7.5	7.9	7.9	7.9	8.5	7.9	8.5	8.0	8.0	8.0
裁縫及家事										7.7				7.7	
日本歴史										8.5	6.6	7.6	6.7	8.1	6.7
総点		80.7	76.0	70.3	75.4	75.7	76.7	87.5	83.2	120.2	109.7	117.1	103.6	91.9	87.4
平均		8.1	8.5	7.8	7.5	7.6	7.7	8.0	7.6	8.6	7.3	8.4	7.4	8.1	7.7

【注】
27年度生　第1学年では13名中4名のみ綴り方の成績記載あり、この4名は図画の成績記載なし（4名の本居地は関廟庄）。他に、同学年で漢文と体育の成績記載がない児童が1名いる。

28年度生　昭和2（3？判読不能）9月1日に再入学した1名は第6学年のみ成績記載あり。
第1学年で書き方と図画の成績記載があるのは1名のみ。この児童は第3学年から綴り方の成績記載があり（他の児童は第2学年から）、漢文は6年間を通じて成績記載なし。入学前の経歴欄に記載があるが判読不能。
女児3名は第5学年では裁縫及家事の成績記載あり、農業の成績記載なし。第6学年では裁縫及家事の成績記載なし、農業の成績記載あり。

27年度生は、第1学年では修身、話し方、読み方、綴り方、書き方、算術、漢文、図画、唱歌、体操の10科目に成績記載がある。但し、表4下の【注】に記したように、同学年で綴り方の成績があるのは児童13名中4名で、この4名には図画の成績記載がない。他に、漢文と体育の成績記載がない児童が1名いる。第2学年では全員に修身、話し方、読み方、綴り方、書き方、算術、漢文、図画、唱歌、体操の9科目に成績記載がある。図画は全員成績の記載がない。第3学年では再び図画を加えた10科目となっている。第4学年になると理科が加わり11科目、第5学年からはさらに地理と農業、日本歴史が加わり14科目となっている。学籍簿の学業成績欄には実科に手工の欄があるが、成績の記載はない。なお、27年度生は全て男児のため、裁縫及家事を学習した児童はいない。

28年度生は、第1学年では修身、話し方、読み方、書き方、算術、漢文、図画、唱歌、体操の9科目に成績記載がある。27年度生と異なり、綴り方の成績記載はない。【注】に記したように、第1学年で書き方と図画の成績記載があるのは1名のみである。他の児童（1名は第6学年のみ成績記載あり）は書き方と図画を除いた7科目に記載がある。第2学年からは全員に綴り方と書き方に成績が記載されている。図画は27年度生は第2学年では成績の記載はないが、28年度生は6年間を通じて記載されている。第3・4学年は27年度生と同様である。28年度生には3名の女児がおり、第5学年では男児には農業、女児には裁縫及家事に成績記載がある。女児の裁縫及家事の成績記載は第5学年のみで、第6学年では女児も含めた全員に農業の成績記載がある。第7期と同様、手工の成績記載はない。

図2・3は各教科の6年間の成績の平均値をグラフ化したものである。

上位3教科と下位3教科をみると、27年度生は上位が上から農業（8.6点）、算術（8.4点）、漢文（8.3点）、28年度生は唱歌（8.2点）、体操（8.0点）、算術（同）、読み方（7.9点）、漢文（同）、農業（同）である。下位は、27年度生は下から綴り方（7.8点）、図画（7.9点）、体操（8.0点）、理科（同）、28年度生は綴り方（6.6点）、地理（6.7点）、日本歴史（同）、理科（6.8点）となっている。両期とも、上位に農業、算術、漢文、下位に綴り方と理科が入っている。

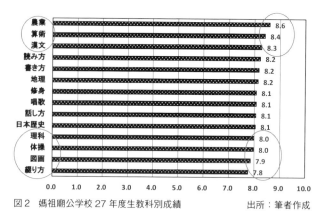
図 2　媽祖廟公学校 27 年度生教科別成績　　　　出所：筆者作成

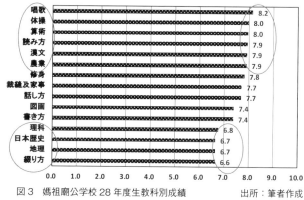
図 3　媽祖廟公学校 28 年度生教科別成績　　　　出所：筆者作成

5.2　旧港公学校

　旧港公学校は新竹州新竹郡の海岸部にある旧港庄に位置し、1918年に樹林頭公学校十塊寮分校として設立され、1921年に独立した学校である。1930年代までの卒業者が毎年1学級 (30-50人台) の小規模校だった。同庄は港湾に近いが農村地域である。地名・校名ともなっている旧港は清代から続く貨物取扱港だったが、港の経年劣化により次第に使用が制限され、1932年には廃港となった。児童の保護者の職業は農業関係者が大半だったが、漁業、貸地業、雑貨商、保正、税関官吏など様々だった。27・28年度生が在学した頃の児童の卒業後の進路は不明である[14]。

　27・28年度生が学習した教科目と成績の平均は表5のとおりである。

表5　旧港公学校27・28年度生の学年別成績

出所：筆者作成

		第1学年		第2学年		第3学年		第4学年		第5学年		第6学年		総平均	
		27年度	28年度	27年度	28年度	27年度	28年度	27年度	28年度	27年度	28年度	27年度	28年度	27年度	28年度
修身		8.3	7.2	8.6	8.1	9.0	7.7	9.0	7.7	7.8	8.0	7.3	7.3	8.3	7.7
国語	話し方	8.3	7.6	8.5	8.2	8.0	7.7	8.0	7.9	8.0	8.1	7.7	7.9	8.1	7.9
	読み方	8.3	7.6	8.6	8.3	7.9	7.9	8.1	7.7	6.5	7.8	6.5	7.3	7.7	7.8
	綴り方			7.8	7.8	7.5	7.2	7.6	7.3	7.2	7.9	7.2	7.5	7.5	7.5
	書き方	8.4	7.4	8.2	8.0	7.8	7.6	8.0	7.8	7.5	8.0	7.4	8.1	7.9	7.8
算術		8.4	8.0	9.1	8.8	7.9	7.5	7.8	8.0	6.9	7.1	6.9	6.2	7.8	7.6
漢文									7.6	7.5	8.1	7.4	7.5	7.5	7.7
地理										6.4	7.0	6.5	6.8	6.5	6.9
理科								7.8	7.5	6.7	6.6	7.0	7.2	7.2	7.1
図画		8.0	7.1	7.9	7.9	7.4	7.2	7.6	7.9	7.3	8.5	7.4	8.4	7.6	7.8
実科	農業									8.3	9.6	8.3	8.8	8.3	9.2
	商業														
	手工														
唱歌		7.9	7.2	8.6	8.1	8.2	8.0	8.2	7.6	7.6	8.0	7.5	8.6	8.0	7.9
体操		7.8	6.9	8.5	8.2	8.3	7.7	8.4	7.7	8.1	8.6	7.9	8.4	8.2	7.9
裁縫及家事															
日本歴史										6.3	6.5	6.7	6.9	6.5	6.7
総点		65.4	59.0	75.8	73.4	72.0	68.5	80.5	84.7	102.1	109.8	101.7	106.9	82.9	83.7
平均		8.2	7.4	8.4	8.2	8.0	7.6	8.1	7.7	7.3	7.8	7.3	7.6	7.9	7.7

【注】
27年度生　第1学年で4名の児童の成績が甲乙丙で記載。この4名分は平均値の算出に際し除外した。
　　　　　第1学年で2名の児童が留年。平均値の算出には2年目の成績を採用した。
　　　　　第1学年で3名の児童に書き方、1名の児童に算術の成績記載がない。
　　　　　第2学年で1名の児童に算術の成績記載がない。
28年度生　第4学年で2名の児童に漢文の成績記載がない。
　　　　　1名の児童の第5・6学年での歴史の成績が不明である（項目の記載がない）。

　　　教科目は、漢文の成績記載が27年度生が第5学年、28年度生が第4学年から開始されているはかは同一である。すなわち、第1学年では修身、話し方、読み方、書き方、算術、図画、唱歌、体操の8教科、第2学年から綴り方が増えて第2・3学年で9教科、第4学年から理科、第5学年からは地理と農業、日本歴史も加わり14教科となっている。両年度とも女児はいないため、裁縫及家事を学習した児童はいない。成績記載欄の実科に農業、商業、手工の3項目があるが、記載があるのは両年度とも農業のみである。なお、同校の漢文科は「公学校漢文科ハ規則ニヨリ随意科ナルガ当地方ハ旧新竹庁時代ヨリ他州ニ率先シテ庁下挙ツテ之ヲ廃止シ居タル

モノナリシモ近来父兄ノ要望甚ダシク亦之ヲ廃止ノマヽトスル能ハザル情勢モアリ慎重ニ考慮ノ上 其ガ設置ヲ申請シ置キタルモノ」[15]（同校の学校沿革誌の1926年7月6日付の記録、下線は筆者による）で、1926年に設置された。そのため、27年度生は第5学年から、28年度生は第4学年から成績が記載されている。

図4・5は各教科の6年間の成績の平均値をグラフ化したものである。

上位3教科と下位3教科をみると、27年度生は上位が上から修身(8.3点)、農業(同)、体操(8.2点)、話し方(8.1点)、28年度生は農業(9.2点)、体操(7.9点)、唱歌(同)、話し方(同)、図画(7.8点)、書き方(同)、読み方(同)である。下位は、27年度生が下から地理(6.5点)、日本歴史(同)、理科(7.2点)、漢文(7.5点)、綴り方(同)、28年度生は日本歴史(6.7点)、地理(6.9点)、理科(7.1点)となっている。両期とも、上位に農業、体操、話し方、下位に地理、日本歴史、理科が入っている。

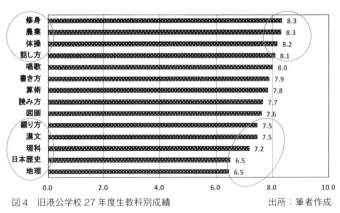

図4　旧港公学校27年度生教科別成績　　　　　　出所：筆者作成

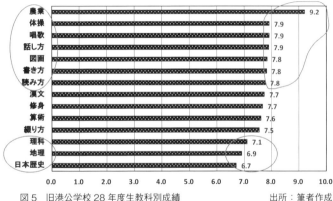

図5　旧港公学校28年度生教科別成績　　　　　　出所：筆者作成

5.3 龍肚公学校

　龍肚公学校は高雄州旗山郡美濃庄に位置し、1920年に瀰濃公学校龍肚分校として設立され、1922年に独立した学校である。1945年度までの平均卒業者数が77.5名、ひと学年1–2学級編成の小規模校だった。同庄は農業が盛んな地域で、児童の保護者の職業は農業関係がほとんどだった[16]。住民は主に客家系の漢人である。27・28年度生が在学した頃の児童の卒業後の進路[17]は不明である。

　27・28年度生が学習した教科目と成績の平均は表6のとおりである。

　上述した2校と異なり、教科目は年度による違いが大きい。両年度の相違点は次のようである。

　両年度とも第1学年から綴り方に成績記載があるが、第1・2学年は全員ではない。注に記したように、成績が記載されているのは第1学年では27年度生が42名中3名、28年度生が65名中28名である。第2学年では27年度生は1名のみで、第1学年で成績記載があった児童ではない。28年度生は第1学年で綴り方の成績記載があった28名のうち3名のみ第2学年でも記載があるが、うち1名は評定が判読不能である。

　27年度生のうち5名は第1学年で漢文の成績記載がある。漢文の成績記載があるのはこの27年度生の第1学年のみで、28年度生にはない。

　27年度生の第1学年に裁縫及家事の成績記載があるが、これは1名のみで、男児である。この男児には同学年の唱歌の成績記載がない。

　27年度生の第3・4学年に農業の成績記載があるが、これは1名のみで同一の男児である。他の児童は第5学年から記載されている。

　27年度生は第4学年から手工の成績記載があるが、記載のない児童が2名、うち1名は女児である。この女児は第4学年から第6学年まで裁縫及家事の成績記載があるが、農業と手工の成績記載はない。

　28年度生は第5学年から農業、手工、裁縫及家事の成績記載が始まっている。農業は女児5名を含む全員が第5・6学年で、手工は女児は第5学年のみ、裁縫及家事は女児のみ第5・6学年で成績が記載されている。

　両年度生の共通点は第4学年から理科、第5学年から地理と日本歴史の成績記載が始まっていることである。これは上述した2校とも共通しており、「台湾公立公学校規則」(府令第65号)の第1号表(表1参照)で示された

表6　龍肚公学校27・28年度生の学年別成績

出所：筆者作成

		第1学年		第2学年		第3学年		第4学年		第5学年		第6学年		総平均	
		27年度	28年度	27年度	28年度	27年度	28年度	27年度	28年度	27年度	28年度	27年度	28年度	27年度	28年度
修身		7.2	6.7	6.1	7.8	7.7	7.3	7.3	6.8	6.8	6.8	6.8	7.3	7.0	7.1
国語	話し方	6.7	6.8	5.8	7.4	7.5	7.0	7.8	6.7	6.8	6.8	6.5	7.0	6.9	7.0
	読み方	6.8	6.8	5.6	7.5	7.6	7.4	7.3	6.9	6.4	6.8	6.9	6.6	6.8	7.0
	綴り方	9.3	7.0	7.3	7.5	7.4	6.2	7.3	6.0	6.2	6.7	6.8	6.6	7.4	6.7
	書き方	6.8	6.8	6.4	7.5	7.6	7.6	7.8	7.4	7.4	7.4	7.3	7.6	7.2	7.4
算術		6.7	6.7	5.5	7.8	7.7	7.0	6.9	6.8	6.3	6.4	7.2	6.5	6.7	6.9
漢文		6.0												6.0	
地理										5.6	6.2	5.7	6.3	5.7	6.3
理科								6.5	6.6	6.3	6.4	6.6	6.2	6.5	6.4
図画		6.6	6.6	5.7	7.4	7.9	7.2	7.1	6.9	7.1	7.1	7.3	7.3	7.0	7.1
実科	農業					9.0		9.0		7.3	7.5	7.1	8.0	8.1	7.8
	商業														
	手工							7.2		7.1	6.8	7.3	7.6	7.2	7.2
唱歌		7.1	7.1	6.4	7.5	7.7	7.7	8.1	7.4	7.7	7.1	7.5	7.4	7.4	7.4
体操		7.3	7.2	6.7	7.7	8.0	7.6	8.0	7.2	7.7	7.2	7.5	7.7	7.5	7.4
裁縫及家事		8.0						8.0		9.0	6.8	9.0	8.4	8.5	7.6
日本歴史										5.8	6.0	5.9	6.2	5.9	6.1
総点		78.5	61.7	55.5	68.1	78.1	65.0	98.3	68.7	103.5	102.0	105.4	106.7	86.6	78.7
平均		7.1	6.9	6.2	7.6	7.8	7.2	7.6	6.9	6.9	6.8	7.0	7.1	7.1	7.1

【注】

27年度生　第1－3学年まで成績の記載がなく、第4学年から記載のある児童が1名。
　　　　　第1学年で綴り方の成績記載があるのは3名、漢文の成績記載があるのは5名のみ。
　　　　　第1学年で裁縫及家事の成績記載があるのは男児1名、この児童は唱歌の成績記載がない。
　　　　　第2学年は飛び級した児童が7名、留年した児童が3名。平均値の算出にあたり、留年児童は2年目の成績を採用した。
　　　　　第2学年で綴り方の成績記載があるのは1名のみ。第1学年で綴り方の成績記載があった児童とは異なる児童。
　　　　　第1・2学年の算術の成績記載がない児童が1名。
　　　　　第3学年で算術の成績記載がない児童が1名。
　　　　　第3・4学年で農業の成績記載があるのは1名のみ（同一児童）。
　　　　　第4学年で手工の成績記載がない児童が2名（うち1名は女児）。
　　　　　女児1名は第4－6学年で裁縫及家事に成績記載あり。農業と手工の成績記載はない。
　　　　　第5学年の成績記載がない児童が1名。

28年度生　美濃公学校からの転入生は第5学年から成績記載あり。
　　　　　第1学年で綴り方の成績記載があるのは28名。うち3名のみ第2学年でも記載あり。但し1名は評定が判読不能。
　　　　　第5学年で手工の成績があるのは24名（女児5名含む）。女児5名は同学年では農業と家事及裁縫の成績記載もあり。
　　　　　同学年の家事及裁縫は女児5名の他に男児1名にも成績記載あり。
　　　　　第6学年では手工は女児以外、裁縫及家事は女児のみ成績記載あり。他は農業を含めて全員成績記載あり。

提出順に則ったものとみることができる。また、成績記載欄の実科に農業、商業、手工の3項目があるが、成績記載があるのは両年度とも農業と手工である。

図6・7は各教科の6年間の成績の平均値をグラフ化したものである。

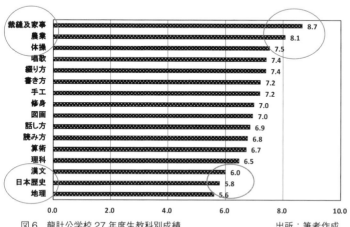

図6　龍肚公学校27年度生教科別成績　　　　　出所：筆者作成

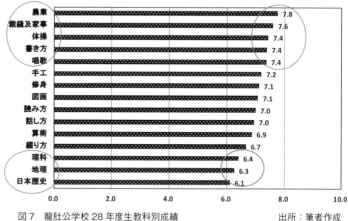

図7　龍肚公学校28年度生教科別成績　　　　　出所：筆者作成

66   Ⅱ．研究論文

　上位3教科と下位3教科をみると、27年度生は上位が上から裁縫及家事
（8.7点）、農業（8.1点）、体操（7.5点）、28年度生は農業（7.8点）、裁縫及家
事（7.6点）、体操（7.4点）、書き方（同）、唱歌（同）である。下位は、27年
度生が下から地理（5.6点）、日本歴史（5.8点）、漢文（6.0点）、28年度生は
日本歴史（6.1点）、地理（6.3点）、理科（6.4点）となっている。両年度とも、
上位に裁縫及家事、農業、体操、下位に地理、日本歴史が入っている。

5.4　台南第二公学校

　では、都市部の公学校はどうだったのだろうか。台南第二公学校は公
学校制度が発足した1898年に台南市に創立された学校で、27・28年度生
が在学中には在籍児童数が約1,300–2,100名にもなる大模校だった[18]。台
南州の州都である台南市は台湾の旧都であり、南部第一の商業都市だっ
た。児童の保護者の職業は多種多様だったが、商業と工業従事者が多か
った。卒業生の進路は、例えば27年度生の場合、進学希望者が約3割、官
庁や銀行等への就職希望者が約7割だった[19]。
　27・28年度生が学習した教科目と成績の平均は表7のとおりである。
　教科目は、27年度生は第1学年から綴り方の成績記載があるが、28年度
生は第2学年から始まっているほかは同一である。すなわち、第1学年で
は修身、話し方、読み方、綴り方（27年度生）、書き方、算術、図画、唱
歌、体操、第2学年で28年度生は綴り方が加わり、第3学年に続く。第4学
年からはさらに理科が追加される。そして第5学年になると、地理と日本
歴史、実科として手工と商業が加わる。上述した農村地域の3校と異なり、
実科に農業の項目はなく、商業がある。台南第二公学校は女児は収容し
ていないため、裁縫及家事はない。また、地方農村地域の3校には漢文の
項目があったが、台南第二公学校の成績表にはない。同校の学校沿革誌
を確認したところ、1903年度から1917年度までの成績表には漢文の項目
があり、成績が記載されていた[20]。しかし、1918年度からは項目自体が
なくなっていることがわかった。

表7　台南第二公学校27・28年度生の学年別成績　　　　　　出所：筆者作成

		第1学年		第2学年		第3学年		第4学年		第5学年		第6学年		総平均	
		27年度	28年度	27年度	28年度	27年度	28年度	27年度	28年度	27年度	28年度	27年度	28年度	27年度	28年度
修身		7.4	7.0	7.0	7.0	6.9	6.9	6.8	6.9	6.9	7.2	6.8	5.3	7.0	6.7
国語	話し方	7.4	7.0	7.2	7.0	7.1	6.8	6.6	6.9	6.8	6.8	6.7	5.4	7.0	6.7
	読み方	7.6	7.4	7.1	7.2	7.3	6.9	6.9	6.5	6.9	6.6	6.5	6.1	7.1	6.8
	綴り方	7.5		7.3	6.4	6.7	6.4	6.4	6.5	6.6	7.1	6.5	6.2	6.8	6.5
	書き方	7.3	7.9	7.1	6.7	7.1	6.8	7.1	7.2	7.2	6.7	7.3	6.5	7.2	7.0
算術		8.1	8.6	7.9	7.4	7.3	7.0	6.8	6.3	6.4	6.5	6.3	4.9	7.1	6.8
地理										6.5	6.6	6.6	5.4	6.6	5.8
理科								6.5	6.3	6.5	6.3	6.5	4.6	6.5	5.7
図画		6.9	6.8	6.9	6.9	6.8	6.6	6.8	6.9	6.9	7.1	6.8	5.8	6.9	6.7
実科	手工									7.0	7.0	7.3	5.0	7.2	6.0
	商業									6.7	6.4	7.0	5.7	6.9	6.1
唱歌		7.6	7.0	7.1	7.2	7.1	6.8	6.8	7.1	7.0	7.3	7.0	6.4	7.1	7.0
体操		7.6	7.1	7.2	7.2	7.2	6.9	7.1	7.4	7.1	7.2	7.3	7.0	7.3	7.1
日本歴史										6.9	6.4	6.3	5.1	6.6	6.0
総点		67.4	58.8	64.8	63.0	63.5	61.1	67.8	68.0	95.4	95.2	94.9	79.4	97.0	90.7
平均		7.5	7.4	7.2	7.0	7.1	6.8	6.8	6.8	6.8	6.8	6.8	5.7	6.9	6.5

　図8・9は各教科の6年間の成績の平均値をグラフ化したものである。

　上位3教科と下位3教科をみると、27年度生は上位が上から体操（7.3点）、書き方（7.2点）、手工（同）、算術（7.1点）、唱歌（同）、読み方（同）、28年度生は体操（7.1点）、書き方（7.0点）、唱歌（同）、読み方（6.8点）、算術（同）である。下位は、27年度生が下から理科（6.5点）、地理（6.6点）、日本歴史（同）、綴り方（6.8点）、28年度生は理科（5.7点）、地理（5.8点）、手工（6.0点）、日本歴史（同）である。両年度生とも、上位に体操、書き方、算術、唱歌、読み方、下位に理科、地理、日本歴史が入っている。

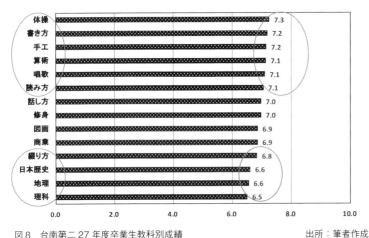

図8　台南第二 27 年度卒業生教科別成績　　　　　　　　　出所：筆者作成

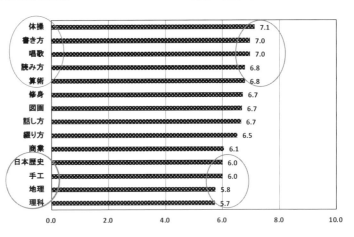

図9　台南第二 28 年度卒業生教科別成績　　　　　　　　　出所：筆者作成

6. 考察

　本節では、教科目および成績に見られる4校の相違点と共通点を整理し、考察を加える。

6.1 教科目

　綴り方の開始時期、漢文と実科の扱いに表8のような相違が見られる。

　綴り方の開始時期は学校によって、また同じ学校でも年度によって違いがある。『公学校各科教授法全』の「各学年毎週教授時間配当」（表2参照）では綴り方は第3学年から学習を開始することになっているが、龍肚公学校以外ではそれより早く始められていた。1937年に公学校教諭の辻武夫が「『綴り方は何時頃から始むべきか』等の議論は既に古い事である」[21]と述べているが、1920年代のこの4校の事例からも開始時期が模索されていた様子がうかがわれる。

　漢文について。地方農村地域の3校の学籍簿の学業成績欄には漢文の項目がある。一方、都市部の台南第二公学校の学校沿革誌の成績表には漢文の項目自体がない。但し、漢文の取り扱いは学校によってかなり異なっていたようである。媽祖廟公学校では両年度生に6年を通じて漢文の成績記載がある。旧港公学校は5.2節で述べたように児童の保護者からの要望により1926年に漢文科が設置され、1926年度から漢文の成績記載が開始されているが、1931年度を最後に漢文科の成績記載がなくなっている[22]。龍肚公学校の学籍簿に漢文の成績記載があるのは1920–1922年度までである[23]。表6で見たように、龍肚公学校の27年度生は42名中5名にのみ第1学年に漢文の成績記載があるが、28年度生には記載がない。台南公学校は5.4節で述べたように、1903年度から1917年度までの成績表には漢文の項目があり、成績が記載されていたが、1918年度からは項目自体がなくなった。公学校の漢文科は日中戦争が始まった1937年に正式に廃止されたが、それ以前に都市部だけでなく、地方農村地域の公学校教育からも漢文の授業が消えつつあったことがこの4校の事例から示唆される。

　実科は、地方農村地域の3校では農業が課されていた。龍肚公学校では農業に加えて手工も課していた。一方、都市部の台南第二公学校では、商業と手工を課していた。実科は1922年の「台湾公立公学校規則」（府令第65号）第33条により「土地ノ情況ニ適切ナルモノヲ選ヒ」と規定されおり、本稿で分析した4校が選択した実科にも各校の地域性が認められる。興味深いのは、同上の公学校規則第17条（3節参照）で実科の農業、商業、手工は「男児ニ課シ」と規定されているが、媽祖廟公学校と龍肚公学校

70   Ⅱ．研究論文

表8　各校における綴り方・漢文・実科の成績記載について

	媽祖廟公学校	旧港公学校	龍肚公学校	台南第二公学校
綴り方	・27年度生で第1学年に成績記載があるのは一部児童のみ。全員に記載されるのは第2学年から。	・両年度とも第2学年から成績記載あり。	・両年度ともに第1・2学年では一部の児童のみ成績記載あり。全員に記載されるのは第3学年から。	・27年度生は第1学年、28年度生は第2学年から成績記載あり。
漢　文	・両年度とも6年間成績記載あり。	・27年度生は第5学年から2年間、28年度生は第4学年から3年間成績記載あり。	・27年度生の第1学年で一部の児童のみ成績記載あり。 ・28年度生は6年間を通じて記載なし。	・項目自体なし。
実　科	・両年度とも農業のみ第5学年から成績記載あり。 ・28年度生は女児も第6学年で農業の成績記載あり。 ・裁縫及家事は女児の第5学年のみ成績記載あり。	・両年度ともに農業のみ第5学年から成績記載あり。	・両年度ともに農業と手工に成績記載あり。 ・27年度生の1名は農業の成績記載が第3学年から開始、他は第5学年から。 ・27年度生の女児は農業の成績記載はないが、28年度生は女児にも第5・6学年で記載あり。 ・手工は27年度生は第4学年から成績記載あり。27年度生女児は記載なし。28年度生は第5学年から開始。28年度生女児は第5学年のみ成績記載あり。 ・裁縫及家事は27年度生女児は第4〜6学年、28年度生女児は第5・6学年で成績記載あり。	・両年度生ともに手工と商業。成績記載は第5学年から。

出所：筆者作成

　の28年度生は女児にも農業や手工の成績記載があることである。今回の
調査から学校によっては女児に対してもこれらの教科目を課している事
例が確認されたわけだが、なぜ女児にも課されたのかは不明である。恐
らく保護者らの要望があったのではないかと推測されるが、今後調査を

進めていきたい。なお、手工は「植物繊維、竹、木、粘土、金属等ニ付キ其ノ土地ニ於テ得易キ材料ヲ用ヰ成ルヘク実用ニ適スルモノヲ作ラシムヘシ」（同上の公学校規則、第33条）とされた教科目である。

6.2　成績

図2-9をもとに各学校の成績上位3教科と下位3教科をまとめると、表9のようになる。

表9　各校における成績上位・下位3教科

	媽祖廟公学校	旧港公学校	龍肚公学校	台南第二公学校
上位3教科	農業、算術、漢文、唱歌、体操、読み方	修身、農業、体操、話し方、唱歌、図画、読み方	裁縫及家事、農業、体操、書き方、唱歌	体操、書き方、手工、算術、唱歌、読み方
下位3教科	綴り方、図画、体操、地理、日本歴史、理科	地理、日本歴史、理科、漢文、綴り方	地理、日本歴史、漢文、理科	理科、地理、日本歴史、綴り方、手工

出所：筆者作成

上位3教科について見ると、農業は地方農村地域の3校、体操と唱歌は都市部の台南第二公学校も含めた4校全てで上位にあることがわかる。上位に多く挙がっているのは実技系の教科目である。一方、下位3教科には地理、日本歴史、理科が4校で挙がっている。これらは第4・5学年から導入された教科で、内容理解には言語情報に依存することが大きく、学習には高いレベルの日本語能力が必要とされるものである。こうした教科の学習は、日本語非母語話者である公学校児童にとって負担が大きかったことが成績評価からうかがえる[24]。

公学校教育は国語（日本語）の習熟に重点が置かれ、話し方、読み方、綴り方、書き方の四分科にわけて教育されていた。表10は各校の国語科の分科ごとの成績について、最上位と最下位をまとめたものである。これを見ると、最上位はバラツキが大きいのに対し、最下位には4校全てにおいて綴り方が入っていることがわかる。これまで公学校の国語科教育に関しては話し方に関する研究が多くなされ、綴り方についてはそれ

72　Ⅱ．研究論文

ほど着目されてこなかった。1916年に公学校教諭の砥上種樹が公学校の
「綴り方教授の困難で有ると云ふ嘆声は屡々聞くところである」[25]と述べ
ているが、表10からは1920年代の公学校の教育現場でも綴り方の指導が
困難だったことが推測される。

表10 各校における国語の分科ごとの成績

	媽祖廟公学校	旧港公学校	龍肚公学校	台南第二公学校
最上位	読み方(両年度)	話し方(両年度)	綴り方(27年度生) 書き方(28年度生)	書き方(両年度)
最下位	綴り方(両年度)	綴り方(両年度)	読み方(27年度生) 綴り方(28年度生)	綴り方(両年度)

出所：筆者作成

7．おわりに

　以上、学籍簿の学業成績欄に記載された成績評価を手がかりとして、公
学校児童の学習状況を把握することを試みた。その結果、次のような特
徴が指摘できた。

・綴り方の開始時期、漢文と実科の扱いは学校によって相違がある。
・上位の成績を占めていた教科目は地方農村地域・都市部とも実技系
　のものが多く、特に体操と唱歌は4校で上位にあった。地方農村地
　域の3校はいずれも農業の成績が上位にあった。一方、下位の成績
　は高いレベルの日本語能力が必要とされる地理、日本歴史、理科が
　占めており、これは4校に共通している。
・国語科は綴り方の成績が低いことが4校の共通特徴である。

　地方農村地域と都市部の学校の差異が大きく表れたのは、地域性が反
映された実科の選択である。一方、教科目の成績には共通点も多いことが
わかった。特に実技系の教科目が成績の上位に、高い日本語能力が求め
られる教科目が下位の成績にあったという共通特徴は、日本語非母語話
者である公学校児童が共通して抱えた学習上の困難点であったといえる。

第二次台湾教育令が発布され、文官総督が提唱する「内地延長主義」の下で国語教育が一層推進される方針が採られたが、本研究の事例からはこうした教科目は台湾人児童には即座に習得することが難しかったことがうかがえる。また、この特徴は、今日の日本の義務教育課程に在籍している外国人児童が抱える課題とも通じるものである。公学校の教育現場でこの問題の解決にどのような実践・研究が重ねられていたのか、社会的背景が異なるという限界はあるが今日的課題の解決へ何らかの示唆を得ることはできないかなど、本研究で見出した特徴を観点として研究をさらに深化させていきたい。

　本研究により、学籍簿を研究対象とすることで公学校児童の学習状況の一端を明らかにし得ることがわかった。但し本研究で分析したのは各校2年度分の卒業生の学籍簿であり、上述した指摘が他の年度の卒業生も同様であるかはわからない。また、他の公学校の事例はどうであろうか。通時的・共時的な調査を進めていくことで、公学校児童の学習状況をより詳細に把握することが可能になるだろう。旧公学校に残存する学校文書を活用した研究を進めるには、台湾の教育関係者や台湾人研究者との協力関係の構築が必須である。今後の課題としたい。

　【附記】本稿は、拙稿「学籍簿からみた地方農村地域の公学校児童の学習状況」2020-2023年度科学研究費補助金（基盤研究（C）一般）研究成果報告書（課題番号20K02550）『日本統治下台湾における公学校児童の就学状況に関する研究－学校文書の調査を中心に－』（以下、『学校文書調査』と略）、2004年、83-101頁を大幅に加筆修正したものである。本科研のメンバーである陳虹彣氏と白柳弘幸氏には貴重な史料を提供していただき、多くのご助言をいただいた。とりわけ研究代表者の陳虹彣氏のご助力がなければなし得ない研究であった。記して感謝申し上げます。

註
1　例えば、何憶如「桃園縣新屋國小校史之研究（1905-2003）」（台湾師範大学教育研究所碩士論文、2003年）、胡博荏「日治時期桃園龍潭公学校学籍資料之研究（1901-1919）」『桃園文献』7巻、2019年、7-24頁など。
2　『從清代到當代：新竹300年文献特輯』新竹市文化局、2018年、146-164頁。

74   Ⅱ．研究論文

3 陳虹彣「大正期植民地台湾における公学校の設置と就学状況－台南の媽祖廟
  公学校を中心に－」『植民地教育史研究年報』第26号、皓星社、2024年、78
  頁によれば、全島の公学校は1920年度に分校を含め467校だったのが、1924年
  度には725校になったという。
4 『学校文書調査』所収の陳虹彣「日本統治期台湾公学校・国民学校の学籍簿」
  5-17頁、白柳弘幸「資料紹介①学籍簿と学校沿革誌について」102-112頁、参照。
5 「大正元年十一月府令第四十号台湾公学校規則中改正」『台湾総督府報』第325
  号、1913年9月30日（国史館台湾文献館所蔵、0071020325a001）。
6 出所は「台湾公立公学校規則」『台湾総督府報』第2620号、1922年4月1日（国
  史館台湾文献館、0071022620e003）。
7 本稿で引用する同規則の条文は全て註6記載の史料による。
8 「緒言」に「本書は師範学校に於ける教授法の教科書、教員講習会や教員検定
  受検者の参考書として編纂したもの」（1頁）とあることから、本書は公学校教
  育の現場に一定程度の影響を及ぼしていたものと思われる。
9 「台湾公学校規則改正」『台湾総督府報』第2360号、1921年4月24日（国史館台
  湾文献館、0071022360a002）。
10 『学校文書調査』所収の各報告、および陳虹彣「学籍簿から見る日本統治下台
  湾の子どもたち－高雄州龍肚国民学校の20期生を事例に」『平安女学院大学研
  究年報』第22号、2022年、15-26頁、同「学籍簿から見る日本統治下台湾の子
  どもたち（その2）－新竹州南寮国民学校20期生の場合－」『平安女学院大学
  研究年報』第23号、2023年、1-11頁、はこの3校の学籍簿を史料としている。
11 『学校文書調査』所収の陳虹彣の報告によると、媽祖廟公学校、旧港公学校、
  龍肚公学校の3校とも卒業台帳等に記載された卒業生数と現存する学籍簿数が
  一致しない年度があるという。紛失等の理由が考えられるが、詳細は不明で
  ある。
12 『台南第二公学校沿革誌（1898-1933）』（台南市立人国民小学所蔵、白柳弘幸氏
  提供）に掲載された1922-1928年度の「各学年児童成績並年齢」をデータとし
  た。同誌に掲載された成績評価の数値は平均値であることから、学籍簿のよ
  うに児童個々人の情報を詳細に把握することができないという限界を持つ。
  なお、1927・1928年度卒業生の第1-6学年次の児童数及び卒業者数は以下のと
  おりである。この児童数は同誌の「台南第二公学校児童異動」により算出した。

表11 台南第二公学校1927・1928年度卒業生の学年別児童数

	第1学年次	第2学年次	第3学年次	第4学年次	第5学年次	第6学年次	卒業者数
1927年度卒業生	443	397	377	351	287	273	271
1928年度卒業生	416	386	372	325	200	195	195

13 註3掲載の論考、75-76頁。
14 『学校文書調査』所収、白柳弘幸「植民地統治期における児童の就学－新竹州
  旧港公学校を中心にして－」26-28頁、陳虹彣「新竹州旧港公学校の学籍簿と
  初期の就学状況」62-66、69-70頁参照。なお卒業後の進路だが、陳によれば、
  1942年度卒業生は進学・就職ともに比較的多様な選択肢があり、就職先は農
  業関連のほかに商業や天然ガス関連もあった。これには同地が新竹州の中心
  地である新竹市へのアクセスがよかったことが関係しているという。
15 白柳、同上論文32頁、同「資料紹介②新竹州旧港公学校（現新竹市南寮国民

小学)『学校沿革誌』」125-126頁。

16 陳虹彣「学籍簿から見る日本統治下台湾の子どもたち－高雄州龍肚国民学校の20期生を事例に」『平安女学院大学研究年報』第22号、2022年、17頁参照。

17 陳、同上論文24頁によれば、1944年度の女子卒業生計63名のうち、高等科などへの進学希望者が23名いたという。男子卒業生の進路情報は不明である。

18 1922-1928年度の在籍児童数は以下のとおりである。各年度の児童数は同校の沿革誌の「台南第二公学校児童異動」により算出。1927年度に児童数が大きく減少しているが、これは同年4月に台南第二公学校の分校として台南第四公学校が開校し、移籍した児童が大勢いたことによる。なお、1912年に台南第二公学校の分校として台南女子公学校が開設されてからは、台南第二公学校は男児を収容していた。

表12 台南第二公学校の在籍児童数

年度	1922 (大正11)	1923 (大正12)	1924 (大正13)	1925 (大正14)	1926 (大正15)	1927 (昭和2)	1928 (昭和3)
児童数	2,103	2,103	2,110	2,040	1,937	1,394	1,303

19 同校の沿革誌の1927年度「保護者職業調」と「卒業者ノ状況」参照。たとえば、同年度の保護者の職業は1,543名中、商業が最も多く558名、次いで工業が413名で、両者で62.9％を占めていた。

20 同校の学校沿革誌に成績が記載されるのは創立翌年の1899年からだが、1902年までは成績表に漢文の項目はあっても成績記載はない。同誌の1902年の「学務委員会」の事項に「学務委員ヨリ初年級ハ漢文教授ノミトシ漸次公学校ニ於ル他教科ヲ授クル様ニナシタキ旨申出ツルモノアリタレドモ之レ到底応ズベキノ請求ニアラサレハ其不可ナル理由ヲ諭シテ己メリ」とあるのが注目される。漢文の成績記載が始まるのはこの翌年からであり、この委員会での申出が学校側を動かした可能性がある。なおこの時の学務委員は台湾人4名である。

21 辻武夫「公学校用新国語読本と低学年の綴り方教育」『台湾教育』第421号、1937年、44頁。辻は綴り方入門の時期を従来より早くしたいとし、「従来の様に二年の二学期或は三学期、或は三年からといふのではなく」、1年生の第3学期からが適当であるとした。1930年代になっても綴り方の開始時期が模索されている様相が読み取れよう。

22 1927・1928年度の旧港公学校入学生の学籍簿を確認した。

23 1920・1921・1925・1926年度入学生の学籍簿も確認したところ、1920年度入学生は1920・1921年度（第1・2学年）、1921年度入学生は1921年度（第1学年）に漢文の成績記載があった。1925・1926年度入学生は学籍簿に漢文の成績記載欄はあるが、成績記載はなかった。

24 これらの教科目の学習は、現在の日本の義務教育課程に在籍している外国人児童生徒も困難を抱えている。例えば、南浦涼介「外国人児童生徒のための社会科授業デザインの現状と課題－児童生徒の文化的課題に着目して－」『広島大学大学院教育学研究科紀要』第二部第58号、2009年は、社会科は言語的課題と文化的課題の2点で外国人児童生徒にとって困難な教科であることを指摘している。

25 砥上種樹「公学校の綴り方」『台湾教育』第174号、1916年、25頁。

日本占領下の天津特別市における
青少年向け音楽イベントの実態

楊慧[*]

1. はじめに

　本稿は、戦時期の天津特別市で発行された日中両言語の新聞、雑誌と
天津档案館の公文書、『民国文献類編続編』や『日中戦争対中国情報戦資
料』などの資料を基に[1]、日本占領下の天津特別市における日中両国の青
少年向けの音楽イベントの実態を明らかにすることを目的とする。具体
的には、音楽イベントが占領地の若年層に対する宣撫工作の一環として、
どのように活用されたかについて、さらに宣撫の効果を検討するもので
ある。

　日中戦争の中で、日本軍は中国の東北地域（旧満洲国）や他の大陸占領
地を軍事力で制圧した後、武力行使や行政機関の整備に加え、現地の中
国人民衆の協力を得るため、日本語教育をはじめ、文学、映画、ラジオ
など多岐にわたる文化メディアを戦略として活用し、宣撫工作に力を入
れていた。その中で、音楽も1つの重要な手段として位置づけられた。具
体的には、日本人音楽家が中国各地を訪れ慰問演奏を行ったこと、音楽
放送番組において軍国主義的な歌曲が繰り返し放送されたこと、さらに
は現地青少年を対象とした、日本軍による審査を経た音楽教育の実施な
どが挙げられる[2]。これら一連の音楽を活用した宣撫工作のうち、植民地
や占領地の児童生徒に直接的な影響を及ぼしたのは、学校教育の枠組み
の中で実施された音楽教育であった。

　日本軍は、満洲国や中国の占領地において、小学校の児童や中学校の
生徒を対象に、音楽教育を学校内の音楽授業と学校外の音楽イベントと

---

[*]神戸大学大学院国際文化学研究科博士後期課程

いう2つの形態で実施していた。学校内の音楽教育に関しては、先行研究において複数の考察が行われ、満洲国や華北地域（特に北京や青島）を対象に、日本軍の影響を受けた臨時政府の教育部門が実施した音楽教科書の審査と再編、親日思想や軍国主義的な内容を含む歌曲を教育要綱に組み込んだ経緯などの視角から検討されている[3]。

　一方で、学校外に開催された音楽イベントについても、先行研究で取り上げられている。『日本侵華教育全史』では、華北臨時政権が占領地で「交歓会」や「学芸会」などのイベントを積極的に開催していたことに言及し、具体例として、1938年12月11日に天津特別市で開催された「反共救国中日学生交歓会」が紹介されている[4]。また、李（2021）は、戦時期の青島特別市における学校外の音楽イベントに焦点を当て、新民会青島分会[5]や教育部門がそれぞれ主催した音楽演奏会の事例を取り上げ、戦時期の青島における学校音楽教育の特徴を分析した[6]。そのほか、満州国においても「日中親善」[7]や慰問など様々な名目で、学校外の音楽イベントが多数開催されていたことが明らかにされている[8]。

　しかし、これまでの研究において、授業外の音楽イベントは音楽教育の一事例として言及されるにとどまり、これらのイベントの主催者や参加校、演奏されたプログラムの特徴などについては詳しく考察されていない。また、先行研究では、これらの音楽イベントが占領地の中国人児童生徒に対し、親日思想や日本軍の占領行為を肯定させるための宣撫手段として実施された側面しか強調されておらず、同時期の占領地で暮らす日本人居留民の青少年も同一の音楽イベントに参加していた事実については、ほとんど注目されてこなかった。

　日中戦争以降、上海や天津など各地における日本人居留地が拡大するにつれ、そこに住む日本人居留民も国民精神総動員運動の影響を受け、本土の民衆と同様に、戦争遂行への動員が進められていった[9]。この動向は、戦時下の日本人学校においても顕著に現れ、侵略戦争に協力的な活動が意図的に日本人児童生徒に対して行われていたことが指摘されている[10]。例えば、勤労奉仕への参加や従軍に関連する行動などがあげられる。しかし、日本人居留民の青少年が多数参加した音楽イベントも、戦時下の日本人居留民、特に青少年に対する動員活動の一環とみなすべきであるが、この事象に関してはいまだに詳細に分析されていない。

こういった背景を踏まえ、本稿では、天津特別市における日中児童生徒が参加した音楽イベントを研究対象とする。天津に注目する理由は、日本の占領政策上の同市の重要な位置づけと関わっている。華北地域に位置する天津特別市は「日満支」三国を結ぶ要衝であり、関東軍による華北地域占領の拠点と見なされ[11]、市内における日本人居留地は中国全土に存在した日本人居留地の中で最大規模であった[12]。また、音楽は占領期の管理部門が天津特別市の一般民衆に行った宣撫工作の中で特に重視され、市内の日中小中学校に向けた音楽イベントが頻繁に行われた[13]。そのため、天津特別市における生徒児童が音楽イベントに参加する現象が多く見られる。

占領下の天津特別市における児童生徒向けの音楽イベントについて、張郎（2008）は、1937年12月10日の「日中学生交歓会」と1940年の2回の学芸会を取り上げ、占領下の天津特別市内の音楽現象の1つとして整理した[14]。筆者（2024）は音楽イベント開催の根拠となった文化政策を明らかにしたが、イベントの実態については考察が不充分であった[15]。

以上の状況を踏まえ、本稿では、日本占領下の天津特別市における音楽イベントの主催者や参加校を考察し、また、日中両国の児童生徒が演奏したプログラムの特徴を検討する。これにより、音楽イベントが「日中親善」の理念を宣撫する手段としてどのように活用されたか、また、その目的が達成されたかどうかを検討したい。

2. 音楽イベントの概要

筆者は、1937年から1945年までの天津特別市で発行された、発行部数としては最大の中国語新聞『庸報』、日本語新聞『京津日日新聞』、及び華北地域の最大民間組織である新民会の機関紙『新民報』から音楽記事を抽出し、これらの行事に関わるニュースと、天津公文書館の行政資料を調査した。表1は占領下の天津特別市行われた青少年対象の音楽イベントの概略を示したものである。

表1 天津特別市における授業外の音楽イベント一覧

番号	行事名[16]	主催者の名称	参加者	目的
①	津市の小学生百名が二組に分かれ、友軍を慰問（『庸報』1938.11.13）	津市教育分会、新民会天津都市指導部	中国人小学生数百人	日本軍への慰問；反共勢力の団結・育成
②	反共勢力育成のため日中学生が交歓会開催（『庸報』1938.12.8）	津反共救国大会事務所	公立学校11、私立学校4、日本人居留民向けの学校5[17]	反共勢力の団結・育成
③	日中学生学芸会（『庸報』1939.3.10）	天津市署教育局、日本居留民団	公立3、日本人1	日中学生の親善
④	興亜二周年記念天津大会学芸会（1939.7.9、天津公文書：J0110-3-003873-137）	市教育局、居留民団	公立、日本人（数不明）	日中学生の親善；組織創立や周年の記念
⑤	中央政府の設立を祝う津市学生音楽会開催（『京津日日新聞』1940.4.17）	新民会天津特別市総署、天津特別市公署教育局	公立3、私立5、日本人2	組織創立や周年の記念
⑥	日華小学生、交歓学芸会　ハリ切る出場各校（『京津日日新聞』1940.5.11）	日本学務部、天津市署教育局	公立10、私立4、日本人8	日中学生の親善
⑦	興亜行進曲発表の準備（『庸報』1940.12.10）	華北当局、新民会天津総会及び各地新民会	中日小学生及其他青少年	指定された歌曲の発表と練習
⑧	新民会三周年記念を祝う盛大な興亜曲観摩会を開催決定（『庸報』1941.2.25）	新民会天津特別市総会、津市公署教育局	公立12、私立4	組織創立や周年の記念
⑨	日中交歓学芸会（『庸報』1941.6.1）	津市公署教育局、天津日本居留民団	公立12、私立5、日本人12	日中学生の親善
⑩	楽声満ちる会場で日中学生が交歓会を開催（『庸報』1942.8.31）	新民会	公立4、日本人5	日中学生の親善
⑪	楽声満ちる会場で日中学生が交歓会を開催（『庸報』1942.8.31）	新民会、天津市内の各小学校	公立4、日本人5	日中学生の親善
⑫	永清児童劇団、白衣の勇士を慰問する演劇を上演（『庸報』1942.8.31）	不明	永清児童劇団（中国人児童）	日本軍への慰問
⑬	「大東亜戦必勝歌」津市歌唱大会開催（『庸報』1942.10.22）	津市公署教育局	公立16、私立15	指定された歌曲の発表と練習
⑭	華北青少年代表団、昨日津市を離れ寧へ向かう一還都記念検閲式に参加（1943.3.27『庸報』）	新民会	華北青少年代表団（学校、国籍不明）	組織創立や周年の記念
⑮	津市の男女一中学生、日本軍慰問学芸会に参加―日中親善の交歓を展開（1943.5.29『庸報』）	天津市立第一中学、天津第一女子中学	二校の中国人中学生	日本軍への慰問
⑯	日本軍を慰問する学芸会開催（『庸報』1943.10.1）	津市市立第一中学、公立第一女中	二校の男女学生計74名	日本軍への慰問
⑰	津市青少年団結成周年、今日盛大祝典を開催―夜間ラジオ放送の祝賀大会も実施（『庸報』1943.10.1）	天津特別市新民会	天津特別市新民青少年団本部	組織創立や周年の記念；日中学生の親善

（備考：主催者名は新聞記事の原文のままとしたため、同じ団体に複数の異なる表記がある。津市は天津市を意味する。文字数の関係から参加校の具体的な名称は省略した。学校の分類は次の資料を参考にした：韓永進等編、前掲書、90〜91頁；万魯建、前掲書、419頁；李雪、『天津租界における日本の教育事業－1900年〜1945年を中心に―』2018年早稲田大学博士論文、222頁。）

2.1 主催者

　表1によると、占領期の天津特別市で青少年向け音楽イベントを主催した回数が多かった上位の三組織は、天津特別市政府教育局（以下、教育局と略す）（7回）、新民会天津分会（以下、新民会と略す）（7回）、および日本人居留民団（4回、居留民団所轄の日本学務部を含む）である。そして、中国側を代表する2つの組織（教育局と新民会）と日本人居留民団が連携して共同開催したイベントが複数回確認されている（表1の③、④、⑥、⑨）。また、中国側の組織が単独で主催した音楽イベントにおいても、日本人居留民向けの学校が積極的に参加した事例が多く見られる（表1の②、⑤、⑦、⑩、⑪）。このように、一連の音楽イベントは、天津特別市で共に生活する日中両国の児童生徒間で「親善」関係を促進する手段として利用されていたことが示唆される。

　一方で、教育局と新民会は形式的には中国人が運営する組織であるものの、実際には日本側の政策や意向に沿った活動を行っていた。それに対して、日本人居留民団は居留民の行政事務を管轄する日本人の組織であった。一見すると、中国側の組織が主催する音楽イベントの回数が多いように見えるが、2つの組織は日本人との関わりが深かったため、これらの音楽イベントは実際には日本側からの影響が強かった。

　具体的には、北支方面軍と華北臨時政府が締結した「政府顧問約定および附属約定」[18]により、華北地域の中国人政府には北支軍司令部から派遣された日本人顧問の配置が義務づけられていた。そのため、天津日本人居留民団の団長が天津特別市政府の高級顧問を務めていた。また、新民会は、1937年12月24日に日本北支方面軍特務機関長の喜多誠一郎の支持の下で設立され、日本人と中国人が共同で参加する形の「民衆団体」を標榜していたが、実態としては「軍の一翼を担う」役割を果たし[19]、新民会天津分会の事務長は天津の陸軍特務機関と頻繁に関わっている日本人であった[20]。このような背景を考慮すると、音楽イベントはほとんど形式的には日中双方の協力を掲げているが、実質的には日本側の政策や意図に基づいて開催されていたと考えられる。

　次に、音楽イベントへの参加校の特徴について考察する。

2.2 参加校

日本軍の占領後、天津特別市内の小中学校は3つの種類に分類される。すなわち、臨時政府直轄の中国人児童生徒向け公立小中学校、中国人教育者やキリスト教系の宗教団体が運営する中国人向け私立小中学校、さらに日本人租界に設立された日本人居留民団が運営する日本人小中学校である。

表1が示すように、これらの音楽イベントは主に学校単位や団体での参加が求められ、個人が自由に参加することはできなかった。ほとんどのイベントには、公立小中学校（臨時政府直轄）、中国人向け私立小中学校、そして日本人小中学校のすべてが参加しており、この点から、音楽イベントが「日中親善」を促進するための重要な活動として位置づけられていたことが分かる。

一方、参加校の内訳を見ると、中国人向けの公立学校と私立学校を比較した場合、公立学校の参加が私立学校を大きく上回っている点が特徴的である。実際、多くの占領地の中国人保護者は、より高額な学費を支払ってでも、親日教育を行う公立学校に子どもを通わせることを避けようとしていた[21]。さらに、一部の私立学校は密かに重慶の国民政府と連絡を取り合っていた[22]。このことから、占領下の天津特別市において、現地の中国人が信頼を寄せた私立学校は、臨時政府の教育政策に対して一定の距離を保つ姿勢を示していたことが読み取れる。

さらに、音楽イベントの参加校を国別に見ると、中国人学校が参加したイベントの数（14回）は、日本人居留民学校が参加したイベント（8回）を上回っていた。このため、一見すると音楽イベントは中国人向けの宣撫工作が日本人居留民向けの動員工作よりも重視されていたように見える。しかし、これだけでは結論を下すことはできない。以下では、音楽イベントの開催地に着目し、これらの音楽イベントが日本人居留民の動員工作においてどの程度重要視されていたかを検討する。

2.3 開催地

一連の音楽イベントが開催された場所の特徴を考察する。確認できる場所は表2にまとめた。

82　Ⅱ．研究論文

表2 日本占領下の音楽イベントや学芸交歓会が行われた場所一覧

類別	具体的な場所	イベントの番号（表1を参考）
①日本軍占領地周辺	組1：総駅軍病院（今河北区五馬路） 組2：飛田部隊（今河北区黄緯路）、井上部隊（南開中学－日本軍駐在地[23]）	①
	北寧花園大礼堂（日本軍の兵営が北寧花園の東南角に駐留していた）	②
	○○（ママ、以下同様）部隊、河北○○部隊	⑮
	○○部隊講堂、河北○○部隊	⑯
②日本租界	組1：日本軍兵病院（日本租界福島街）	①
	天津劇場（日本租界旭街）	③
	天津商業学校講堂（日本租界宮島街）	⑥
	学芸会：日本商業学校大礼堂（日本租界宮島街）座談会：日本花園（大和公園）倶楽部（日本租界宮島街、今鞍山道）	⑨
	日本陸軍病院演芸場、芙蓉国民学校（日本租界芙蓉街、今河北路北段）、『庸報』新聞社で見学（日本租界須磨街）	⑫
③中国人居住地	河北電影院（今北馬路天隆達商厦）[24]	④
	河北電影院（同上）	⑤
	西頭鈴鐺閣市立第一中学校大礼堂	⑧
	市立第一中学校大礼堂（同上）	⑭
そのほか	野外劇場（不明）	⑪
	英亜二區三十七號路民団運動場（イギリス租界、今重慶道）	⑰

（備考：注は筆者によるものである。）

　表2は、日本占領下で行われた音楽イベントや学芸交歓会の開催場所を示している。これらの場所は主に三種類に分類される：①天津特別市に駐留していた日本軍の周辺、②日本租界、③中国人の居住地である。日中両国の青少年が同時に動員されて音楽イベントが行われたことから、「東亜新秩序体制」[25]の構築を目指した「日中親善」の意図が伺える。

　しかし、大部分の開催場所は日本兵営の周辺や日本租界内に集中しており、中国人居住地での開催は市立第一中学校の講堂と河北電影院（河北映画館）の二箇所に限られていた。「日中親善」の理念が掲げられていたものの、中日間の関係は対等ではなく、開催場所に明らかな偏りが見られる。この点から、音楽イベントの目的は、先行研究で強調されてき

た中国人青少年への「日中親善」の主張を伝えるだけにとどまらず、日本人居留民の青少年層に対する戦争動員の一環としても重要であったといえよう。つまり、これらの音楽イベントは、外地に住む日本人居留民の青少年層に対しても音楽を通じて戦意高揚や国民意識の強化を図る手段として重視されていたことを再認識させるものである。

　次に、音楽イベントの中で演じられたプログラムの特徴を分析することで、占領下の天津特別市において日中両国の青少年が音楽を通じてどのように動員工作に組み込まれたかを具体的に明らかにする。

3. プログラム内容の特徴についての考察

　音楽イベントの中で演じられたプログラムを表4にまとめた。具体的には「一、歌唱（合唱・独唱）」、「二、踊り」、「三、ハーモニカ演奏」、「四、歌舞劇」、「五、中国伝統音楽」、「六、日本伝統音楽」、「七、西洋音楽」、「八、国術（中国武術）」、「九、その他（体操、話劇、マッジクなど）」という9つのジャンルに分類される。

　本稿に統計された音楽イベントは1938年から1943年に亘って行われ、1941年12月の太平洋戦争勃発を境に、2つの時期に分けられる。ここでは、便宜的に1938年から1941年までを前期、1941年12月の太平洋戦争勃発以降を後期と分類する[26]。次に、4つの観点からこれらのプログラムの特徴を分析する。

3.1　音楽プログラムの時系列変化

　両時期を比較すると、プログラム内容に明確な変化が見られる。前期の音楽イベントでは9つのジャンルが含まれていたが、後期には5つに減少した。このことから、前期においては、音楽イベントにおいて意図的に多様で変化に富んだ娯楽プログラムが上演されていたことがわかる。その理由として、占領された直後、現地の中国人民衆の間に広がる日本軍への恐怖心を緩和するとともに、占領以前よりも充実した生活の「東亜新秩序」を印象づける目的があったからであった[27]。このため、音楽イ

84 Ⅱ．研究論文

ベントは有効な娯楽手段として活用され、その中で多様なプログラムが
意図的に組み込まれ、日本軍占領後の「活力ある新生活」を演出しよう
とする役割を果たしていたことが読み取れる。

　また、具体的なプログラムから見ると、前期には「踊り」が7回行わ
れたのに対し、後期には2回に減少し、「ハーモニカ演奏」も6回から1回
へと著しく減少している。後期には「歌舞劇」、「日本伝統音楽」、「国術
（武術）」、及び「その他」のジャンルは完全に姿を消した。また、前期の
音楽イベントでは、ピアノやチェロなどの鍵盤楽器や弦楽器による演奏
が中心であり、1942年以降、ラッパや鼓などの金管楽器や打楽器の使用
が増え、軍楽隊に類似する吹奏楽を中心に演奏された傾向が見られる。

3.2　最も頻繁に行われた「歌唱（合唱・独唱）」

　一連の音楽イベントの中で最も高い頻度で演奏されたプログラムは「歌
唱（合唱・独唱）」であった。後期になると歌唱（合唱・独唱）の割合が
急激に増加し、特に合唱は独唱よりも頻繁に行われていた。表4によると、
独唱は合計35回、合唱（斉唱を含め）は合計58回と、合唱が圧倒的に多い[28]。

　具体的な歌曲からみると、日中両国の国歌と「新民会歌」[29]の合唱が頻
繁に行われた。この3つの歌曲を高頻度で歌わせることによって、特定の
政治的意図を宣伝しようとする目的があったと考えられる。1939年7月9
日の音楽イベントでは、「中日国歌演奏」というセクションがあり、「卿
雲歌」と「君が代」の2曲が演奏された。「卿雲歌」は1921年から北洋軍
閥政府[30]により中華民国の国歌として使用されていたが、1928年に国民
党が全国を統一した際に廃止された。1937年6月、重慶に遷都した中華民
国国民政府は、「中国国民党党歌」を国歌として採用し、「卿雲歌」は日
本の傀儡政権、すなわち中華民国臨時政府（北京）と中華民国維新政府だ
けが国歌として認めたものとなった[31]。中華民国臨時政府（北京）の統治
下にあった天津特別市では、「卿雲歌」を中国国歌として扱い、臨時政府
の正当性を印象づけようとしたものと見て取れる。

　また、日中両国の国歌をそれぞれ斉唱することで、表面的には両国の政
治的平等性と主権の独立性を示しているように見えるが、実際には、そ
の政治的主張は同様に頻繁に歌われた「新民会歌」の歌詞に込められて

いた。歌詞の中では、「春夏秋冬、四季が巡るように、新しき民よ集え、新情勢に従う者は栄える……アジアの兄弟が連帯すれば強くなり、新しき民よ集え、八方を興す（筆者訳）」のように強調された。つまり、日本軍がすでに華北を占領し、指導者としての立場を確立している新たな状況を既成事実化し、さらには日本を中心とした大東亜共栄の目標に協力させようとする意図が込められていた。

　一方で、日本人居留民児童生徒たちが合唱した曲の特徴から、彼らがどのように音楽を通じて戦争協力に動員されたかがわかる。彼らが合唱した多くの歌曲は戦争や軍隊に関連する曲であり（例：「愛国行進曲」、「大陸進行曲」、「露営の歌」、「皇国精神奮發」、「仰げ軍功」、「新東亜の歌」など）、愛国心を鼓舞する歌詞の楽曲が中心であった。もう一点、大きな比重を占めていたのは、母国や故郷への郷愁を呼び起こす曲（例：「さくら」、「ならの都」、「春の歌」など）であった[32]。こういった中、特に「国民歌謡」と呼ばれる楽曲が多く見られた。「国民歌謡」とは、日中戦争の勃発後、特に太平洋戦争以降、日本国内で大衆に愛国感情や戦争合理化の思想を植え付け、国民の士気を高める目的で国家機関や軍隊の支援のもと公募され制作された歌謡ジャンルである[33]。レコードやラジオで量産され、さらに歌劇団や劇場との連携を通じて広まっていった[34]。こうした音楽教育により、天津特別市の日本人青少年は日本国内と同様の思想を共有し、疎外感を減らしつつ、国民としての一体感を強めていたのである。

3.3　プログラム　内容からみる天津特別市内の日中両国青少年の音楽教育の違い

　音楽イベントで西洋音楽を演奏した者を見ると、天津特別市内における日中両国の児童生徒がそれぞれ受けた音楽教育の違いが見て取れる。

　表4の「七、西洋音楽」を見ると、西洋楽器の演奏者のうち、中国人向けの私立学校の学生は一人のみで、他は全部日本人向けの学校（例えば、天津日本高等女学校、日本商業学校、芙蓉小学校等）の学生であった。実際に、1920年代から日中戦争の勃発まで、天津特別市では中国人によるハーモニカ隊や合唱団、室内楽団、オーケストラなど、西洋音楽団体が非常に活発に活動していた[35]。

さらに、1938年天津特別市文化教育振興委員会が頒布した『文教委員会工作大綱』では、音楽教材の編集や小中学校向けのコンクールの開催などが詳細に規定され、音楽教育に重きを置く姿勢が示されていた[36]。しかし、実際の音楽イベントのプログラムを分析すると、中国人児童生徒に対する音楽教育では、西洋楽理や楽器演奏といった本格的な音楽教育の機会が大幅に制限され、表4の音楽イベントのプログラムでは、中国人児童・生徒が西洋楽器を演奏する機会はほとんど見られず、かろうじて唱歌を歌う例が見られる[37]。

一方、日本人児童生徒には西洋楽器を学ぶ機会が与えられていたものの、主に日本軍が華北地域を占領した1938年から1941年12月の太平洋戦争勃発までに限られ、それ以降、西洋音楽を演奏する機会はほとんど見られなくなった。先行研究では、戦時下の外地における日本人居留民児童生徒に対して実施した戦時動員の措置として、勤労報国や少年出征などが指摘されている[38]。本稿では初めて、外地の日本人居留民、特に青少年への戦争動員の中で音楽が果たした役割に注目した。また、太平洋戦争開戦直後、日本政府は英米音楽の追放を進め、1943年1月には英米の楽曲を中心に約1000曲の演奏・放送が禁じられた[39]。日本国民の英米文化への敵対感情を育成することを目的としていた同様の動きは、海外の日本人居留民の児童・生徒が触れる音楽環境にも反映され、西洋音楽は敵国文化とみなされ、音楽イベントから徐々に姿を消していった。

3.4 両国の児童生徒における、日本語・中国語の扱い

最後に、この現象を通じて、音楽イベントでは、日中両国の児童生徒がそれぞれの母語で歌を歌い、スローガンを唱え、さらに中国人児童生徒は日本語でスピーチを行ったプログラムが頻繁に行われた（表3）。この現象を通じて、背後に潜む意図を検討する。

表3　日中両国の児童生徒が演芸活動で互いの言語を使用した記録一覧表

（中）は中国語、（日）は日本語の略

イベントの番号	言語使用のプログラム
①	組1：（1）小学生代表による友邦言語での慰問の言葉（日）
	組2：（1）中国人の小学生代表による慰問の言葉（日）
②	十、朗読（中）、講話（中）（天津日本青年学校男子生徒）
③	…歌が終わった後、天津居留民団団長の白井忠三が開会の挨拶をした。中華と天津日本高等女学校による「大陸進行曲」（日）の合唱…
⑤	…28、全体による合唱（新民会会歌）（中）
⑮	…続いて、第一中学校の高級二年生である朱大発が開会の辞（日）を述べ、日頃の日本語学習の成果を発表するための慰問学芸会を開催する旨を伝えた。
⑯	全体が厳粛な雰囲気の中、儀式が行われた後、第一中学校の高二の男子生徒である朱大発が非常に流暢な日本語で開会の辞を述べた。彼の発言には感謝の意が表され、慰問の趣旨が伝えられた。

　まず、中国人児童生徒の日本語をアピールした内容を見る。音楽イベントでは、特に日本語が堪能な生徒が他の生徒の前で模範として賞賛され、中国人青少年に日本語習得の必要性を意識させる意図が込められていた。また、音楽イベントが日本語学習の成果を展示する場として利用されたことから、音楽と日本語学習が緊密に関連していたことが伺える。

　1940年以前から一部の中国人向け学校では日本語唱歌集が編集され、日本語授業で使用されていたが[40]、1940年以降、日本語唱歌は市内の大量の中国人学校で採用されるようになった[41]。新民会は日本語歌曲を教授する音楽研究会を設立し、市内のほとんどの中国人教師への参加を強制するなど、日本語教育を音楽と結び付けて進めた[42]。

　但し、ここで留意しておくべき点は、中国人児童生徒が演奏するプログラムは依然として中国語が中心で、日本語は第一外国語として扱われていたことである。一方、台湾、朝鮮、南洋群島などの植民地では、日本語が「国語」として強制的に教えられていた[43]。この違いは、日本政府が天津特別市における日本語教育を形式的に「外国語教育」として扱っていたことを意味している。これは、日本政府が、天津特別市を植民地でなく、あくまで中国人が統治する場所として、教育政策の表向きの

管理を現地政権に委ねる姿勢をアピールしようとしたことを示唆している。

　一方で、日本人青少年が中国語を学習した例も音楽イベントで見受けられた。彼らは中国語の歌「新民会歌」を合唱したり、中国語で朗読や発表を行った。李（2018）によれば、日本人居留民団は「現地適応主義」に基づき、中国語を必修科目として教育を進めており、特に中等教育機関の男子生徒は中国語学習が義務付けられていた[44]。表3によると、音楽イベントも日本人居留民の中国語学習の成果を披露する場として活用されていた。これは、日本人青少年が将来的に天津の統治に関与することを想定した教育方針と一致している。

　以上分析した通り、音楽イベントを通じて日中両国の児童生徒が互いに言語を学び、その成果を披露することで、表面的には「日中親善」の理念を強調する意図が見て取れる。

　次に、これらの音楽イベントの開催目的とその効果についてさらに検討する。

4. 音楽イベントの目的と日中両国民衆の評価から見るその効果

4.1　音楽イベントの目的

　新聞の見出しや本文によると、天津特別市の青少年を対象に行われた音楽イベントの目的は次の5つにまとめられる（表1）。①日本軍への慰問、②反共勢力の団結・育成、③日中学生の親善、④組織創立や周年の記念、⑤臨時政府指定歌曲の発表と普及である。これらの活動の目的は、日本軍が華北地域の青少年に対して展開した思想宣伝の内容と密接に結びついていたと考えられる。

　1940年に、華北地域を占領していた関東軍の多田部隊は、中日双方の児童生徒に対してそれぞれ実施すべき思想指導の要綱を作成した。その中で、中国人に対する指導方針として、中国における従来の知育に偏った教育を戒め、徳育を教育の基礎とすることが明確に示された。この「徳育」の具体的な内容は、共産主義や抗日教育を排除し、欧米依存の風潮

を是正する一方で、日本への親和感情を醸成し、日本精神に基づく道徳を育成するというものであった。特に、児童教育の振興が重視され、教育を通じて親日的な情操を培うことが強調された。一方で、一般の日本人居留民に対しては、「東亜新秩序建設」の当事者および指導者として、優越感に基づく日中親善を損なう行動を戒めることが求められた。同時に、日本人居留民の生徒や児童に対しても、精神訓育を通じて、「東亜新秩序建設」の継承者としての自覚を促すことが強調された。これらの方針から明らかになるのは、日中双方の国民に対する思想工作において「親善」を維持することが共通の目標であった点である。ただし、その「親善」の実現には明確な階層構造が含まれており、日本人は「上」の管理者、中国人は「下」の服従者として位置づけられていた。このような思想の構図は、天津特別市内の青少年向けの音楽イベントにも反映されていると考えられる[45]。

　イベントの目的の中では、「日中学生の親善」が最も頻繁に唱えられた。前述したイベントの主催者、場所、プログラムの中での互いの言語に親しむ様子を示しながら、天津特別市内における日中両国の組織が協力して一連の音楽イベントを開催し、両国の青少年が音楽イベントに参与する過程において「親善」関係を築こうとした意図が読み取れる。

　しかし、同時に「日本軍への慰問」という目的が頻繁に挙げられていたことも見逃せない。天津特別市を武力で占領した日本軍の前で、日本人居留民の児童生徒だけでなく、中国の青少年も、兵士たちを楽しませるために歌や踊りを披露することが求められた（表1の①、⑫、⑮、⑯）。このような行為で、日本占領軍の支配的存在と中国社会に対する占領の正当性を示そうとしたのであろう。さらに、多くの音楽イベントは記念式典の中で行われたが、これらの式典のほとんどは中国の伝統的な祝祭とは無関係であり、主に日本軍の占領後に設立された記念日や、日本軍の戦役勝利を祝うためのものであった（表1の④、⑤、⑧、⑭、⑰）。これらの式典における音楽の使用は、娯楽を通じた宣伝活動だけでなく、音楽を利用したイデオロギー浸透の試みでもあった[46]。

　次に、音楽イベントや当時頻繁に歌われた軍歌について、当時の日中両国人が実際にどのように見ていたかを検討する。

4.2　日中両国民衆の音楽イベントに対する評価

　天津日本中学校の生徒であった西村正邦は、「1940年に民団広場で行われた租界還付式典そのものについては「うろ覚え」だが、「頌歌」[47]については鮮明に覚えている」と回想している。また、天津日本人租界での生活から60年が経過した現在でも、年に一度ほど風呂場でその頌歌を口ずさんでいると語り、具体的には、「紀元二千六百年」、「天津小唄」や小中学校の校歌を挙げている[48]。

　この事例によると、頻繁に開催された式典やイベントで歌われた楽曲は、これらの儀式に参加した日本人居留民青少年にとって単なる聴覚的な体験に留まらず、大規模で集団的な儀式と結びついて、より長期的な記憶として残る傾向があったと言えるだろう。西村が挙げた楽曲の歌詞には、日本帝国への賛美や日本人が東亜を導こうとする内容など、プロパガンダ色の強い要素が含まれていた。しかし、西村が今でも自然にこれらを口ずさむ姿からは、これらの楽曲が戦時下の天津特別市における日本人青少年にとって、戦争を讃える政治的プロパガンダとしてよりも、むしろ天津での青年時代を象徴する思い出として深く刻まれていた側面がうかがえる[49]。

　もう1つの事例を見る。天津生まれの八木哲郎は10歳ごろ、友達と「露営の歌」、「愛馬進行曲」などの軍歌のレコードを蓄音機で繰り返し聴き、そのリズムに合わせて踊る遊びを楽しんでいたという[50]。戦時下の日本人青少年にとって軍歌が政治的プロパガンダというよりも、むしろ日常生活の中での遊びや娯楽として受け止められていたことを示している。

　では、中国人からはどのように認識されていたのだろうか。直接的に中国人青少年が日本人の軍歌や音楽イベントについてどのように評価していたかを示す記録は見受けられない。しかし、天津特別市の私立耀華学校とミッションスクールである天津工商学院で音楽教育を担当していた中国人音楽教師、張肖虎は、自身の回想録において次のような記述をしている。1941年、臨時政府が計画した音楽イベントへの出席を求められた張はこれを拒否した。その後、脅しを受け、身の危険を感じた張は病気を理由に天津を一時離れることとなった[51]。

　この記録からは、当時の中国人が、日本人が深く関与した音楽イベン

トへの参加に強い抵抗感を抱いていたことが読み取れる。彼はこれらの音楽イベントが単なる文化交流の場ではなく、日本の政治的理念や占領政策を宣伝する意図が強く込められていたと意識していたことがわかる。この中国人音楽教員の抵抗意識は、彼の学生にも影響を及ぼした可能性がある。「日中親善」や「東亜新秩序」の理念が、どれほど現地の日中両国民に理解されていたかは、今後継続して検討していきたいが、現時点では少なくとも、「中国国民に理解されていた」と読み取れる史料は得られていない。

5. 終わりに

　本稿では、戦時期に日本占領下の天津特別市で開催された日中両国の青少年を対象とした音楽イベントについて、主催者、参加校、開催地、演奏プログラムを分析し、これらのイベントが日本軍占領地における宣撫手段として果たした役割を明らかにした。

　音楽イベントは「日中親善」を目的に掲げ、日中両国の主要機関が共同で催し、両国の児童生徒が共に参加する形を取っていた。開催場所も両国人の生活圏を考慮して選ばれ、日本人居住地と中国人居住地の両方に設定されていた。また、日中両国の国歌を斉唱したり、児童生徒が互いの母語を披露する場を設けることで、表面的には両国の平等性を示し、「親善」を演出していた。しかし、主催者の教育局と新民会は、実際には日本側の政策意図に基づいて運営され、これらのイベントも日本軍の管理下で行われていた。

　実際、イベントのプログラム内容を詳細に見ると、占領初期には、娯楽性の高いプログラムを通じて占領生活への適応を促し、「新秩序」の魅力をアピールしていたものが、太平洋戦争勃発後は、戦争遂行を支えるプロパガンダの役割を強化する内容に次第に制限されていった。

　また、音楽イベントの中で最も頻繁に演奏されたプログラムである「歌唱（合唱・独唱）」には、「東亜新秩序」や「大東亜戦争」を賛美する歌曲が多く含まれていた。特に、華北臨時政府が使用した「卿雲歌」を（日本が）イベントの中で中国の「国歌」として扱ったことは、日本軍が

華北を占領し、指導者としての立場を確立したことを既成事実化する意図を示していた。加えて、中国の青少年に日本軍を慰問させ、あるいは日本軍の戦役勝利を祝うために音楽イベントを開催したことには、日本軍の統治と支配的存在を直接的に示し、臨時政権の合法性を中国人青少年に認めさせる目的があったと考えられる。

　これらの音楽イベントに対し、中国人教育者の中にはその政治的意図を認識し、距離を置こうとする姿勢が見られた。実際、占領下の天津特別市において多くの中国人が入学を希望した私立学校では、音楽イベントへの参加が消極的であった。また、一部の中国人音楽教師も、音楽イベントを日本の占領政策の一環として捉え、強い抵抗感を示していた。

　一方で、音楽イベントが日本人居留地で頻繁に開催されたことは、これらのイベントが中国人青少年のみならず、日本人居留民の青少年に対しても戦意高揚や国民意識の強化を目的としていたことを示している。日本人居留地では、初めは西洋音楽が受け入れられていたが、戦局の激化に伴い、西洋音楽が「敵国文化」と見なされ、音楽イベントから排除されるようになった。これは日本国内の音楽界で取られた対応と同様で、音楽教育を通じて、外地に住む日本人青少年も戦争に協力する日本人国民として教育されていった。しかし、実際には、天津特別市に住む日本人児童生徒は、日本政府が考える政治的意図を必ずしも理解していたわけではなく、音楽イベントを娯楽的なものとして捉えていた側面もある。

　以上のように、音楽イベントは表向きには「日中親善」を掲げながら、実際には天津特別市内の日中両国の青少年に対して日本軍の政治理念や戦争動員の意図を伝える文化的手段として実施された。しかし、その宣伝効果が両国の児童生徒に十分に理解・受容されたかどうかは断言できず、効果には限界があったのではないかと考察するが、この点については引き続き検討していきたい。

　（本文は国家留学基金委員会国別地域研究人材支援プロジェクト（番号：202106530209）の段階的成果である。）

【付録】

表4　音楽イベントのプログラム一覧表

イベントの番号	プログラムの内容（原文のママ）
	一、歌唱（合唱・独唱）
①	1.新民歌
②	1. 二部合唱：美◆◆ 2. 晩霞 3.新民歌 4.愛国行進曲 5.二部合唱：曲名不明 6.三部合唱：我的国 7.二部合唱：我的家庭 8.合唱：愛国行進曲、日本軍行進曲 9.合唱：新民歌三段 10.荒城之月 11.愛国行進曲
③	1.二部合唱：愛国行進曲 2.合唱：大陸行進曲3.独唱：大陸中華 4.二部合唱：皇国精神奮發
④	1. 斉唱：日中国歌（卿雲歌、君ガ代）2.東亜行進曲 3.太平洋行進曲 4.我的家庭、晩鐘 5.二部合唱：朋友 6.独唱：仰げ軍功 7.二部合唱：仙楽 8.独唱：帰鴉 9. 二部合唱：餞春10.独唱：月
⑤	1.合唱：卡農歌 2.二部合唱：佳節、望郷 3.合唱：懐古、卡農歌 4.独唱：賣雑貨 5.合唱：曲名不明　6.独唱：最後の玫瑰 7.合唱：モーツアルトの子守り歌、ブラームスの子守り歌 8.合唱：歸船、早春 9.童謠：毯和王侯 10.合唱：友誼万歳、黄河 11.合唱：清溪水漫流、海濱的離別 12.合唱：走過平原、新民青年歌 13.独唱：功郷 14.二部合唱：夏夜、念故郷 15.独唱：曲名不明 16.合唱：秧歌 17.独唱：夜歌三部 18.合唱：花、可愛的家庭、新東亜之歌 19.全体合唱：新民会歌
⑥	1.斉唱：日中国歌 2.遠足つくしの兵隊 3.田家四季歌 4.遠足外二曲 5.歌詠遊戯 6.独唱：さくら 7.愛国行進曲 8.セロソー春の歌 9.兵を思へ 10.香山観麦 11.斉唱：ならの都、興亜◆◆曲 12.因為◆◆ 13.体操唱歌 14.菊 15.新政府おめでたう、外二 16.歌詠故郷 17.丘ヲ越エ
⑧	1.斉唱：日中国歌 2.中学合唱：東亜進行曲 3. 男小独唱、女小独唱及び合唱：興亞進行曲 4. 男小合唱：東亞進行曲 5.男中独唱、男中合唱、女中独唱、女中合唱：興亞進行曲 6.小学舞踊：東亞進行曲 7.男小独唱、男小合唱、女小独唱、女小合唱：興亞進行曲 8.男小合唱：新民会歌 9.男中独唱、女中独唱、女中合唱、民衆団体斉唱、独唱：興亞進行曲 10.女中合唱：新民青年歌　11.男小独唱、男小合唱、女小独唱、女小合唱、女小舞踊、男中独唱、女中独唱、男中合唱：興亞進行曲 12.男中合唱：東亞進行曲、興亞進行曲 13.全体合唱：新民会歌
⑨	1.合唱：風吹櫻花 2.清潔歌 3.独唱：天鵝歌劇 4.行船楽 5.独唱：雷夢娜 6.独唱：小夜曲 7.合唱：鵲之歌 8.農家楽 9.露営之歌 10.独唱：挨叱責 11.四部合唱：鵲之歌 12.空中音楽 13.独唱：十五日夜間之月亮 14.行船楽 15.子守歌、霊雀歌 16.合唱：猟人之合唱 17. 斉唱：日中国歌
⑫	1.合唱：女声三部、埴生之宿 2.合唱：愛国行進曲
⑪	1.大東亞凱旋歌 2.独唱：故郷 3.大東亜総進軍歌
⑬	[中学組]1.男生独唱 2.女生独唱 3.男生合唱4.女生合唱 [小学組]1.男生独唱 2.女生独唱 3.男生合唱 4.女生合唱
⑭	合唱：卿雲歌、新民会歌、青少年団歌
⑮	1.独唱：空中勇士2.女中合唱：太平洋進行曲、椰宝
⑰	合唱：新民会歌、青少年団歌、大東亞進行曲、大東亞必勝歌、大天津市進行曲

	二、踊り	
②	1.可愛的故郷、梅花 2.日本舞踊:手習子	
③	同楽舞	
④	1.興亞舞踊 2.剣舞 3.舞踊六 4.蝶與花 5.日本刀、剣舞 6.舞踊:梅にも春 7.ドナウ河の漣	
⑤	盧耳来	
⑥	1.ヂプシーダンス 2.爾霊山 3.キュービーダソス 4.海の勇士 5.ナイトサン 6.七五三 7.洋〝土舞 8.大陸行進曲	
⑧	1.女中舞踊 2.女小舞踊 3.小学舞踊:東亞進行曲	
⑨	1.裁縫舞 2.健身舞 3.那條街、這條街 4.廟漢小和尚 5.郷村舞 6.元氣之朝 7.交歡踊	
⑫	1.日本舞踊里祭、蘇州夜曲、航空日本之歌、かいが日傘	
⑩	1.快楽舞 2.舞踊	
	三、ハーモニカ演奏	
①	1.合奏:国旗、新民歌	
②	1.合奏:帰郷、君代行進曲、我是海之子 2.奏唱:新民歌 3.進行曲	
③	口琴	
④	1.合奏:新民歌 2.独奏:太平洋行進曲	
⑤	1.合奏:紅薔薇 2.合奏:小印第安的酋長、悪魔、目蓮救母	
⑨	1.寄生草、軍艦進行曲 2.合奏:軍進行曲	
⑮	独奏:愉快的鐵匠	
	四、歌舞劇	
②	1.好朋友来了 2.薔薇花 3.桜井之役 4.快楽舞	
④	1.春深了 2.明月歌 3.妳的花 4.鷸蚌相爭漁翁得利 5.羽衣	
⑥	1.好朋友來了 2.唱歌:土風舞、学生生活健康 3.走向光明路	
⑨	紅気球	
	五、中国伝統音楽	
②	国劇合唱:日蓮僧救母	
⑥	1.昆曲遊園 2.中楽沽美酒 3.古琴関山月 4.国術行者	
⑨	国楽:雲慶	
⑩	1.国音登楼 2.鼓竹楽隊	
⑰	合奏:広東音楽、釵頭鳳、燕石鳴琴、清風明月、西江月	
	六、日本伝統音楽	
⑥	東洋曲:沙漠之隊	
⑨	琵琶:士潮落	
	七、西洋音楽	
②	鋼琴独奏:銀波 (天津日本高等女学校)	
④	セロ独奏:メニエット (不明)	
⑤	1.鋼琴独奏:威尼斯之船歌 (日本女学校) 2.鋼琴独奏 (中西中学)	
⑥	ピアノソナチネ (ベニスの船歌、日本女学校)	
⑦	吹奏楽演奏 (演奏者、曲名不明)	
⑪	1.喇叭鼓隊 2.陸軍吹奏楽、名歌七支 (日本商業学校)	

八、国術（中国武術）		
①	1.太極拳 2.形意拳 3.双棍	
②	1.剣舞：詠国民精神総動員、兄玉高徳 2.剣舞：城山、前兵児	
⑥	無極拳	
⑨	1.双鈎戟 2.剣術：形意六合剣	
九、そのほか		
①	1.西洋拳	
②	魔術、紙牌、巧解糸扣二種、一九三八式的接縄法、火焼鈔票	
⑥	1.話劇：お伽の国 2.体操 3.居合道	
⑨	1.詩吟：勧学、仟夜鳳歌 2.劇：東亞和平之先駆者	

（備考：プログラム名は新聞記事の原文のまま表記する。）

註

1 韓永進等編『民国文献類編続編』、教育巻(675)、国家図書館出版社、2018年；
粟屋憲太郎、茶谷誠一編・解説『日中戦争対中国情報戦資料』5、現代史料出
版、2000年。

2 岩野裕一『王道楽土の交響楽：満洲—知られざる音楽史』、音楽之友社、1999
年；陳乃良「愚民与娯民的電波—抗戦時期偽満地区の音楽放送研究」、『音楽
研究』2014 (5)、人民音楽出版社、55-72頁。

3 王岩「淪陥時期哈爾浜地区学校音楽活動研究」、『中国音楽学』2015 (3)、中
国芸術研究院音楽研究所、45-46頁；王垠丹「抗戦時期『新民会』管控下的北
平音楽生活研究」、2013年中央音楽学院修士論文、1-43頁；鄭暁麗「日中戦争
下の音楽交渉」、2022年東京芸術大学博士論文；L. Odila Schröder. Perform-
ing Collaboration and Musical Life in Japanese-Occupied Beijing, 1937-1945.
Doctoral dissertation, The University of Nottingham, 2022, pp. 99-100.

4 余子俠、宋恩栄『日本侵華教育全史・華北編』、第2巻、人民教育出版社、
2005年、248-250頁。

5 新民会は、華北臨時政府(後、華北政務委員会)の統治の下で、日本人と中国
人が共同で参画し、同政府と「表裏一体」の関係を標榜して政権擁護のため
の民衆運動を担う団体であった。北京に新民会中央指導部があり、地方には
省指導部、その下に市指導部、県指導部と、行政単位ごとに指導部を設けた。
菊地俊介『日本占領地に生きた中国青年たち—日中戦争期華北「新民会」の
青年動員』、えにし書房、2020年、19-28、40-41頁。

6 李雅心「日本による再占領期中の青島における音楽活動(1938年-1945年)」、『神
戸大学大学院人間発達環境学研究科研究紀要』15 (1)、2021年9月、1-9頁。

7 「日中親善」は、同時代の資料では「日支親善」、「日華親善」或いは「親善」
に限らず「善隣」、「提携」など様々な言い方がなされている。日本と中国が
敵対せず提携すべきであるという当時の国策やイデオロギーを広く指す表現
である。

8 王岩、前掲論文、47-49頁。

9 山村睦夫「アジア太平洋戦争期における上海日本人居留民社会―日本人居留民と華人社会―（下）」、『和光経済』49（1）、和光大学社会経済研究所、2016年9月、1−16頁；小林元裕「中日戦争爆発与天津的日本居留民」、『抗日戦争研究』2014（2）、中国社会科学院近代史研究所、91-101頁；万魯建『近代天津日本租界研究』、天津社会科学院出版社、2022年、424-428頁。

10 李雪、前掲論文、186-190頁。また、旧外地の居留民の回想録の中では、日本人居留民の青少年層が戦争遂行に動員させられ、勤労奉仕への参加が強要された内容も記述されている。西村正邦『天津租界こぼれ話』、私家版、2006年、123頁、福井県立図書館蔵。近藤久義『天津を愛して、そして子々孫々』、新生出版、2005年、236頁。

11 天津地域歴史研究会『天津史』、東方書店、1999年、3頁。

12 程維栄『天津租界与日本居留民団』、上海社会科学院出版社、2021年、1-2頁。

13 「新民会の工作計画」、『京津日日新聞』1940年5月29日。

14 張郎慧子「『庸報』視野中（ママ）の天津占領期音楽状況研究」、2008年天津音楽学院修士論文、109-124頁。

15 楊慧「戦時中の天津音楽活動に関わる管理機関及び文化政策」、『新世紀人文学論究』2024（8）、109-124頁。

16 中国語の新聞の見出しは筆者が訳したものであり、『京津日日新聞』における記事の見出しは日本語原文のままである。

17 後文では、「公立学校」を「公立」、「私立学校」を「私立」、「日本人居留民向けの学校」を「日本人」と略す。

18 「政府顧問約定／同附属約定」は1943年3月23日付で廃止された。外務省記録、支那事変ニ際シ支那新政府樹立関係一件／支那中央政権樹立問題、第9巻（外務省外交史料館：A-6-1-1-8―3、JACAR：Ref.B02031735700）。

19 江沛『日偽治安強化運動研究（1941-1942）』、南開大学出版社、2006年、240頁。

20 馮成傑『日偽在天津的統治研究』、江蘇人民出版社、2021年、81頁。

21 余子俠、宋恩栄、前掲書、325頁。

22 例えば、カトリック系の天津工商学院及び附属中学、聖功女子中学校などである。張卓然「淪陥後我在天津教育界的抗日活動」、『淪陥時期的天津』、中国人民政治協商会議天津市委員会文史資料研究委員会、1992年、40頁。

23 南開大学校史編写組『南開大学校史（1919-1949）』、南開大学出版社、1989年、230頁。

24 王勇則「直隷総督天津行館沿革及遺址方位考略（上）」、天津地方史志編委会『天津史志』2015（2）、https://www.fx361.cc/page/2015/0615/755091.shtml、2024年12月2日閲覧。

25 1938年11月、日本の第一次近衛内閣が唱えた構想。東亜新秩序とは、欧米帝国主義と共産主義を東アジアから駆逐し、「日満支ブロック」構想に基づき日本が中国を独占支配することを合理化するためのイデオロギーであった。

26 ここで用いた「1938年」は、筆者の統計に基づく最初の音楽イベント開催期間を指す。

27 新民会宣伝科樊友實「新民生活下之秋季娯楽」、新民叢編『新民会講演集』(3)、中華民国新民会出版部、1938年10月。

28 表4の「①歌唱（合唱・独唱）」のデータを基に統計したデータ。

29 繆斌作詞、江文也制曲「新民会歌」、『新民報』1938年7月1日、中国国家図書

館蔵。「新民会歌」とは次のようなものである。以下、歌詞「天は私心なく覆い、地は私心なく包み込む。新しき民よ集え、偏りも党派もない。春夏秋冬、四季が巡るように、新しき民よ集え、新情勢に従う者は栄える。東方の文化は日の光のごとく、新しき民よ集え、共に発展を目指す。アジアの兄弟が連帯すれば強くなり、新しき民よ集え、八方を興す。（日本語訳は筆者による。原文：天無私覆地無私藏、会我新民無偏無党。春夏秋冬四時運行、会我新民順天者昌。東方文化如日之光、会我新民共図発揚。亜洲兄弟聯盟乃強、会我新民振起八荒）」。

30 1912年に孫文が中華民国を設立し、南京に臨時政府を置いた。1913年、袁世凱が首都を北京に移し、大総統に就任したことにより、北洋政府が成立した。この時期に、全国各地で軍閥による権力争いが続いていたため、北洋政府の統治期間は「北洋軍閥政府」とも称される。1928年、蒋介石が率いる中国国民党による北伐戦争により、北洋軍閥政府は打倒された。その後、中華民国国民政府が成立し、中国を統一する正式な政権となった。

31 小野寺史郎「南京国民政府期の党歌と国歌」、『中国社会主義文化の研究：京都大学人文科学研究所附属現代中国研究センター研究報告』、京都大学人文科学研究所、2010年、383頁。

32 ここで列挙された歌曲名は新聞記事の原文をそのまま引用したもの。

33 奥屋熊郎「国民歌謡」の創造運動」、『放送』6（7）、日本放送協会、1936年、55-60頁。

34 戸ノ下達也『「国民歌」を唱和した時代「昭和の大衆歌謡」』、吉川弘文館、2010年。

35 靳学東「近代天津西洋音楽初探」、2006年南開大学修士論文、22頁。

36 『庸報』1938年3月6日。

37 ただし、中国人生徒が中国の伝統楽器を演奏する例はいくつか散見される。その実態については改めて論じたい。

38 例えば、陳祖恩（前田輝人・訳）「日中戦争期における上海日本人学校-戦時徴用から戦時教育まで」、高綱博文編著『戦時上海：1937-1945年』、研文出版、2005年、273-302頁。

39 内閣情報局『週報』（328）、1943年1月27日。

40 天津共立学校（前身：1900年に天津の日本租界にて中国人を対象に設立された日出学館）は、独自に編纂した日本語唱歌集を使用していた。「華人に日本唱歌」、『京津日日新聞』1939年12月29日。

41 教育局は市内の小中学校に対して、日本語の小学唱歌集を購入し中国人の児童生徒が日本語唱歌を練習するよう求めた。「為購入日本語唱歌集致市立第十一小学校函」、1941年6月10日、天津資料館史料番号：J0110－3－003513－019。

42 記事によれば、「音楽研究会のメンバーが2000余名に達していた」とされている（『京津日日新聞』、1940年5月29日）。筆者は以下の資料を基に、1940年当時の天津特別市における教員数が最大で2373名であったと推測している。そのため、市内の教員のほとんどが音楽研究会に参加していたと考えられる。韓永進等編、前掲書、324-332頁；「各省市中（初）等教育概況統計分表　天津市」、教育総署総務局統計科編制『二十九学年度華北教育統計』、1941年12月、抗日戦争与近代中日関係文献データベース、2024年12月2日閲覧。

43 石剛『植民地支配と日本語—台湾、満洲国、大陸占領地における言語政策—』、

三元社、1993年。

44 李雪、前掲論文、273頁。

45 「華北ニ於ケル思想戦指導要綱附属書（本附属書ハ「思想戦指導要綱」実施上ノ参考タルヘキモノトス）、昭和15年4月20日、多田部隊本部」、粟屋憲太郎、茶谷誠一編・解説、前掲書、214-221、228-230頁。

46 丸田孝志「華北傀儡政権の記念日活動と民俗利用——山西省を中心に」、『革命の儀礼——中国共産党根拠地の政治動員と民俗』、汲古書院、2013年、75-109頁。

47 西村正邦の原文では「頌歌」という表現が用いられている。具体的には、本稿で検討された歌曲と同じように、戦時中の社会で流行したり、イベントで斉唱されたりした、軍国主義や戦争を称賛する意味を込めた唱歌や軍歌を指している。

48 西村正邦、前掲書、124頁。

49 紀元二千六百年祝典の「浦安の舞」に参加した日本人子供たちの出演者も、彼らはプロパガンダ色を感じたというより、単にイベントに参加した楽しさが強く印象に残ったと述べている。寺内直子『雅楽の「近代」と「現代」——継承・普及・創造の軌跡』、岩波書店、2010年、116頁。

50 八木哲郎『天津の日本少年』、草思社、2006年、159-160頁。

51 中国人民政治協商会議天津市委員会文史資料委員会編『天津文史資料選輯』1995（3）、天津人民出版社、1995年、62頁。

Ⅲ. 研究ノート

朝鮮総督府編纂『簡易学校国語読本』について
──『普通学校国語読本』との比較を通して──

野村淳一[*]

はじめに

『簡易学校国語読本』(以下、『簡易国語』と表記)は、修業年限2年の簡易学校用に編纂された全4巻の国語(日本語)読本教科書である[1]。簡易学校とは、「国民タルノ性格ヲ涵養シ国語ヲ習得セシムルコトニ力ムルト共ニ地方ノ実情ニ最モ適切ナル職業陶冶ニ重点ヲ置ク」[2]ことを目的として、1930年代農村振興運動下の僻陬農山漁村に設立された教員1名、入学年齢10歳の単学級編成の学校である。

職業(農業)教育と日本語習得を教育課程の基軸としていたため、教科目としては、生徒の農業実習・生産活動を主とする職業科(週時数10時間)と国語科(週時数12時間)が最重要視された。特に国語科の授業は、全教科時数の60%を占めていたので、『簡易国語』は簡易学校の教科教育の中心的教科書に位置づけられていた[3]。

『簡易国語』の先行研究として、パク・チェホンは簡易学校で使用された朝鮮語教科書、算術書とともに『簡易国語』巻2と巻4を対象にして、皇民化教育に関した部分に注目して論考している[4]。ソン・スクジョンは、『実業補習学校国語読本』(1931年)の教科書分析の過程で、比較対象として『簡易国語』を取り上げて言及している[5]。同じく、ソン・スクジョンは、『普通学校国語読本』(以下、『普通国語』と表記)全12巻と『簡易国語』全4巻の漢字総語数と個別語数を比較し、両教科書の漢字使用様相の差異を考察している[6]。

これらの先行研究から『簡易国語』の概要や『普通国語』と比較した

[*]千葉大学大学院・特別研究員

漢字使用の特性などが明らかになったが、全4巻の教材構造や全ての教材内容が照射されていないため、簡易学校用に編纂された教科書の特性やその編纂趣意が不明瞭である。簡易学校用教科書は、農村振興運動下での総督府の教育施策を反映したものであり、簡易学校の教育目的を具現化したものであると考える。駒込武が「教科書は公的性格を持つ意見表明とみなすことができる」[7]と指摘しているように、教科書は総督府側の意図が公的に示されたものと言える。それ故、簡易学校の主要教科書である『簡易国語』を分析することによって、総督府が意図した農村振興運動下での簡易学校における国語（日本語）教育の実態を明らかにすることができると考える。

　以上の視点を踏まえて、本稿では『簡易国語』全4巻の教材を分類整理して教材構成を分析し、それぞれの教材内容を照射して、簡易学校用教科書としての『簡易国語』の特性を明確にする。そして、同時期に普通学校で使用されていた『普通国語』[8]の教材と比較することによって、『簡易国語』の教材構成の特徴を鮮明にしていく。

1. 『簡易国語』の教材分類項目とその教材構成

　1934年の簡易学校開校当時、「昭和九年度ニ於テハ大体四年制ノ普通学校ノ教科書ヲ使用セシムルモノトス」[9]と、『普通国語』巻1・2・3が暫定的に使用されていた。2年間の教育課程で使用する教科書であれば、第1・2学年用の『普通国語』巻1・2・3・4でも支障はなかったと考えられるが[10]、総督府は簡易学校用の新たな国語読本教科書を編纂した。ここでは、『簡易国語』巻2・3・4と『普通国語』の巻2・3・4に収録されている各課の教材内容を分類整理し、両教科書の教材構成の差異を明確にする[11]。

　『普通国語』の編纂趣意書には、教材を文部省国語読本編纂趣意書の分類法によって分類したとして、修身的教材、理科的教材、地理的教材、歴史伝説的教材、実業的教材、国民的教材、公民的教材、文学的教材が示されている[12]。『簡易国語』の編纂趣意書は、現在その存在が明らかになっていないので、『普通国語』の編纂趣意書で示された教材分類を範例にして『簡易国語』の教材を分類整理した。

表1　教材項目分類表

項目	『簡易学校国語読本』					『普通学校国語読本』					4年制『普通学校国語読本』			
	1学年	2学年		課数合計	割合	1学年	2学年		課数合計	割合	3学年		課数合計	割合
	巻2	巻3	巻4			巻2	巻3	巻4			巻5	巻6		
文学	16	9	4	29	30%	21	18	17	56	72%	8	6	14	25%
修身	5	3	8	16	17%	3	2	2	7	9%	2	4	6	10%
理科	3	8	3	14	15%	1	4	2	7	9%	2	3	5	8%
実業	1	5	3	9	10%	0	1	1	2	3%	4	3	7	12%
歴史	5	2	3	10	11%	1	2	2	5	6%	3	2	5	8%
国民	0	1	5	6	6%	0	0	0	0	0%	4	4	8	14%
公民	1	2	3	6	6%	0	0	0	0	0%	3	2	5	8%
地理	0	2	3	5	5%	0	0	1	1	1%	4	5	9	15%
合計	31	32	32	95	100%	26	27	25	78	100%	30	29	59	100%

　表1は『簡易国語』巻2・3・4と『普通国語』巻2・3・4、4年制『普通国語』巻5・6の全課の教材項目を分類整理して、課数とその割合を示したものである。『簡易国語』の文学的教材の割合は、巻2では全課数の半分程度を占めているが、巻3・4になると減少し、全体的には30%程度である。それに対して、『普通国語』巻2・3・4までの文学的教材の割合は、70%以上も占めている。文学的教材と比較して修身、歴史、理科的教材などは10%以下で、国民と公民的教材に関しては全く扱われていない。これに対して『簡易国語』巻3・4では、修身・理科・実業・歴史・国民・公民・地理的教材の全てが配分されていて、その占める割合も高い。『簡易国語』巻3・4は、4年制普通学校第3学年が使用する巻5・6と配分が近似的な教材構成であると言える。

　このように、簡易学校の2年間で使用する『簡易国語』と普通学校の第1・2学年が使用する『普通国語』とでは、その教材項目の構成に大きな違いが見られ、『簡易国語』は『普通国語』で学習する3学年または4学年分に相当する教材内容を2年間に圧縮したものとなっている。簡易学校の入学年齢が10歳であることを勘案しても、朝鮮人児童にとって母語ではない国語（日本語）教科書の教材を短期間で習得させることを意識した『簡易国語』の編纂方針を表出させている。

2. 職業科の農作業を反映した国語入門期の教材特性

　入門期の国語教科書の導入頁は、挿絵を中心として構成されており『普通国語』巻1の編纂趣意書には、「巻頭六頁は全然絵図のみの課とした。之はその絵に現された事物、情景等を児童に観察せしめ、（中略）会話資料となす」[13]と記されている。そのため『普通国語』巻1の最初の数頁は、野原で遊ぶ子どもや掃除をしている兄妹など、日常の生活風景の挿絵で構成されている。また、文字指導の入門頁では、桜の挿絵と「ハナ」、家と犬の挿絵と「イエ」「イヌ」など、生徒が見慣れている風景の挿絵とその片仮名で構成されている。

　それに対して『簡易国語』巻1では、生徒による倉庫の建設作業、国旗遥拝、チゲ（背負子）を脇に置いて教科書を読む生徒、職業科の実習地での農作業の挿絵などで構成されていて、簡易学校での生活や職業科での農作業の様子を現している。また、文字指導では、「クワ」「モミ、マメ、カメ」「ワラ、ナワ、ホミ」「シオ、マス、カマス」などの挿絵とその片仮名が表記されていて、これらの単語は全て農作業に関連する用語である。文章教材も同様で、松毛虫、田植え、蚕と繭、桑摘み、草取りなど農作業の様子や職業科での麦打ちの文章などが収録されている。

　そして巻1の漢字も難易度より農業関係が優先されていて、例えば、「草、害虫、田植、天気、大根、稲、麦」など農作業に関連した漢字が含まれているのが特徴である。漢字は『普通国語』では巻2から学習するが、『簡易国語』では巻1の後半から開始され、ソン・スクジョンによると漢字の難易度はあまり考慮されず、巻1で学ぶ「豆、害」は『普通国語』巻6で扱われ、同様に「飼、鶏」は巻7、「堆、肥」は巻8、「菜、豚」は巻9で扱われる漢字であると指摘されている[14]。

　仮名文字の学習時期にも差があり、『普通国語』は巻2までは片仮名のみで、巻3の途中から平仮名の学習が開始されるが、『簡易国語』では片仮名は巻2の前半で修了し、後半からは平仮名を学習する構成になっている。文部省の国定国語教科書である『小学国語読本』（1934年）においても、平仮名の使用は巻3からであることから、『簡易国語』での平仮名指導は早い時期から開始されていることがわかる。

　このように、『簡易国語』巻1では職業科の農作業や家庭での労働を教

材に投影して、「職業陶冶ニ重点ヲ置ク」内容を重視するとともに、日本語を短期間で習得するための教材構成で編纂されていた。

3．勤倹で植民地支配に従順な農民養成のための教材構成

　『簡易国語』巻2・3・4の教材項目の分類と各課の内容について整理したものが、**表2、表3、表4**である。先行研究では指摘されていないが、『普通国語』から多くの教材が引用されている。それらの教材は、主に4年制普通学校第3・4学年用『普通国語』の教材であることから、『簡易国語』の教材構成に影響を与えていることがわかる。一覧表に示された各課の教材は、「簡易学校の子供等を部落の中堅農家の一員として仕立てる」[15]ために、それぞれ関連づけて構成されていた。

　理科的教材では、農業に関連する基礎知識として「種子の力」巻3第30課（以後、3-30のように表記）、「自然の循環」(3-23)、「土」(3-21)、「グレゴール・メンデル」(3-12)などが収録され、農業技術・農家経営に関連する実業的教材として、金融組合の機能を説明している「理事さんと部落」(4-18)や繭の共同販売の利点を述べている「共同販売」(3-15)、「農家の手細工と加工」(4-19)、「朝鮮ノ農業」(4-28)、「桑」(3-4)、「良い大根」(3-5)、「コンクリート」(3-9)、「むろ」(2-8)などが掲載された。また、「中堅農家」のための公民的教材として、「面事務所」(3-11)、「市ト農業」(4-17)、「家ノ調査」(4-23)なども配置された。

　修身的教材は労働の美徳や勤倹を題材としていたため、非常に重視され、特に二宮金次郎教材は、修身教科書である『普通学校修身書』から引用された[16]。「二宮金次郎」(2-11)、「二宮金次郎（つづき）」(2-12)、「二宮金次郎」(3-32)などの教材で、「二宮尊徳」(4-4)は『報徳記』の桜町仕法の話をもとに教材化されている。金次郎を教材化した理由を「朝鮮の農村の実状に当嵌めて最も切実に勤労精神の涵養に資し得られると思はれるからである」と、後の教師用教科書[17]に記されている。これらのことから、勤倹力行と自力更生を主眼にしていることがわかる。一部の簡易学校では、肖像画の二宮尊徳に拝礼させ、学級を「二宮村」と称して卒業生とともに組織化し、二宮村営農として実践化させている[18]。

これら金次郎の修身教材を軸にして、「土地をひらく」(4-5)では荒地の開墾が奨励され、「なわない」(2-22)と「尊い農夫」(4-2)では、勤労の美徳と自立が諭されている。そして「勤労の花」(4-30)では、労働を主体として勤倹、節約による自力更生の精神が強調され、「納税美談」(4-31)では、納税状況の悪い村の生徒たちが、納税会を設立して賃金を積み立て、納税日に納税資金としたことが語られている。勤倹による自力更生や納税会を組織した生徒たち、彼らこそが、総督府が期待する農村振興を担う将来の中堅青年の姿であった。

表-2　　『簡易学校国語読本』巻二　教材構成一覧表

巻	課	分類	課名	内容及び『普通学校国語読本』などからの引用
巻二	1	歴史	天照大神	天照大神は天皇の先祖、朝鮮神宮に祀られている。
	2	文学	キリギリス	秋の風景とキリギリスの鳴き声の描写。
	3	歴史	天ノ岩屋	4年制『普通国語』「天ノ岩屋」(5-2)
	4	歴史	オロチ　タイジ	4年制『普通国語』「大蛇たいじ」(5-7)
	5	修身	初穂	稲刈りの様子「天照大神のおかげ、天皇陛下のおかげ」と讃えて穂を刈り取る。
	6	文学	俵ウバイ	明治節奉祝大運動会での俵うばい競技の様子。
	7	文学	稲穂ひろい	落穂は、苦労を重ねて育てた稲穂。
	8	実業	むろ	芋や大根を貯蔵する「むろ」造りの様子。
	9	文学	奉吉と乙星	奉吉と乙星の心ああたたまる友情の話。
	10	文学	麦ふみ	麦と自分の成長を思い描きながらの麦踏み。
	11	修身	二宮金次郎	『普通学校修身書』(1918年)「孝行」(3-3)、『普通学校修身書』(1923年)「孝行」　(3-1)。「孝ハ徳ノハジメ」
	12	修身	二宮金次郎(つづき)	
	13	文学	うらしまたろう	4年制『普通国語』「うらしまたろう」(3-14)
	14	理科	トウジ	片仮名の文章。冬至、秋分、夏至、昼夜の長さの違い。
	15	公民	私の部落	治安が良く、税を完納し、田畑も整備され道路も補修されている模範的な部落の様子。
	16	文学	はがき	はがきの宛名書き事例と文章例。
	17	理科	空気	4年制『普通国語』「空気」(7-18)、片仮名文章。空気に関しての理科的説明文。
	18	文学	にんぎょう	文吉の人形作りの様子。
	19	文学	牛とともだち	牛車の描写と文吉と貞姫との会話の様子。
	20	文学	雪の日	雪の日の兄弟で藁打ちをしている兄弟の会話、砧を打っている姉妹の会話の様子。

106　Ⅲ．研究ノート

巻	課	分類	課名	内容及び『普通学校国語読本』などからの引用
巻二	21	理科	フクロウ	6年制『普通国語』「フクロウ」(4-9) 片仮名文章。フクロウの生態。
	22	修身	なわない	田畑だけでなく、雨天や冬期は縄ないなどをして、勤勉に働くことが暮らしの向上につながる。
	23	歴史	神武天皇	『普通国語』(1914年)「神武天皇」(4-18)
	24	文学	汽車ノ音	汽車ノ構造、路線の様子。
	25	文学	大豆の粒選	大豆の選別の仕方。
	26	文学	弟の牛	瓦を牛に見立てて遊ぶ弟の描写。
	27	文学	よもぎ	ヨモギを摘んで春の様子を語る日本人の子どもと朝鮮人の子どもの描写。
	28	文学	日記	農具を大切にする。陸軍記念日の話から軍人に憧れる。温床作り野菜の苗をしたてること。
	29	文学	畑打	父とともに鍬で畑を打ったことの様子。
	30	修身	くろ土	畠は人の心がよく分かる。人も畠の心を分かって手入れをして親切にすると畠も応える。
	31	歴史	昔脱解と天日槍	4年制『普通国語』「天日槍」(6-14)、6年制『普通国語』「昔脱解」(6-8)

表-3　『簡易学校国語読本』巻三　教材構成一覧表

巻	課	分類	課名	内容及び『普通学校国語読本』などからの引用
巻三	1	国民	四月三日	6年制『普通国語』「植樹記念日」(7-1) 四月三日は神武天皇祭の日、植樹記念日でもある。
	2	修身	一年生	一年生の態度を指導する2年生の責任感。
	3	文学	甘藷と馬鈴薯	甘藷と馬鈴薯を擬人化した問答。
	4	実業	桑	養蚕のための桑の接ぎ木、仕立方、桑の種類、堆肥についての説明。
	5	実業	良い大根	良い大根にするための工夫と努力、農業での勤勉と工夫の大切さ。
	6	歴史	田道間守	天日槍の子孫の田道間守の垂仁天皇に対する忠義。
	7	文学	豆蒔	豆蒔の工夫と努力
	8	文学	日記	ある日の農作業の様子、学校の養鶏当番のこと、海軍記念日での教師の講話。
	9	実業	コンクリート	コンクリートの成分、用途、利便性の説明。
	10	理科	虫の一生	昆虫の生態、形態、習性についての説明。
	11	公民	面事務所	4年制『普通国語』「面事務所」(5-26) 面事務所の様子、働く人の職務、植樹の桜。
	12	理科	グレゴール、メンデル	メンデルが実施した植物の種子の実験・観察などの研究の様子。
	13	実業	ほみの柄	柄がすぐに抜ける「ほみ」を抜けないようにするための工夫と努力。

巻	課	分類	課名	内容及び『普通学校国語読本』などからの引用
	14	公民	衛生と薬草	健康を害する虫や細菌に対応するために衛生に気をつける。薬草を栽培して病気に備える。
	15	実業	共同販売	繭を農会に運んで協同販売係に渡し、繭の価格が決定する。売上金は金融組合に預ける。
	16	文学	夏の漬物	学校園で収穫した小蕪と二十日大根を先生の指導の下、生徒で漬け物にする。
	17	文学	にじ	4年制『普通国語』「ニジ」(3-25) 虹の美しさに感動する姉妹の様子。
	18	文学	手紙	桃を叔父に贈る手紙文例、桃の贈呈に感謝の気持ちを表した手紙文例。
	19	文学	どての道	土手の上の風景の描写、散文。
	20	歴史	木綿公	朝鮮に綿栽培を伝えた高麗時代の文益漸の苦労と努力の成果の様子。
	21	理科	土	4年制普通学校国語読本「土」(5-19) 岩石が土になり。砂、粘土、腐葉土が壌土となる。
	22	理科	太陽	4年制普通学校国語読本「太陽」(8-17) 太陽の形態、大きさ、距離、公転による四季の変化。
巻三	23	理科	自然の循環	春夏秋冬の気候の状態と作物の生長の変化、自然の循環。
	24	文学	私の工場	家の裏の泉の湧き水を利用して滝にし、小さな水車を作り、杵になるように仕掛けをした。
	25	修身	水鏡	4年制『普通国語』「水鏡」(6-9) 水たまりに映る兎、狐、鹿の言い分と少年の話。
	26	地理	朝鮮	4年制『普通国語』「朝鮮」(5-24) 朝鮮の面積、地形、山、河川、産物、都市の概要。
	27	地理	我ガ国	4年制『普通国語』「我ガ国」(6-1) 大日本帝国の領土、萬世一系の天皇の国。
	28	理科	海	海と陸地の割合、寒流と暖流、干潮と満潮。
	29	文学	富士の山	6年制『普通国語』「富士山」(4-24) 唱歌「ふじの山」の歌詞の紹介。
	30	理科	種子の力	種子の種類と発芽までのそれぞれの種子の特性と工夫の紹介。
	31	理科	歩測	各自の歩測から実際の距離を計測できる。
	32	修身	二宮金次郎	『普通学校修身書』(1918年)「修学」(3-5)、同「貯蓄」(3-6)『普通学校修身書』(1923年)「学問」(3-2)、同書「しごとにはげめ」(3-3)

108　Ⅲ．研究ノート

表-4　『簡易学校国語読本』巻四　教材構成一覧表

巻	課	分類	課名	内容及び『普通学校国語読本』などからの引用
巻四	1	歴史	明治天皇	4年制『普通国語』「明治天皇」(8-29) 12頁も紙面を使用、韓国併合までの明治天皇の業績。
	2	修身	尊い農夫	貧しい農夫が自立した人になる道は、希望をもって働くこと。勤労は貴い農夫となる。
	3	修身	猿の親心	みすぼらしい子猿に対する母猿の親心。
	4	修身	二宮尊徳	『報徳記』巻一の桜町仕法の話をもとに教材化 徳の大本は勤労、勤労の無い所に徳はない
	5	修身	土地をひらく	学校の空き地を開墾して田畑にするために、教師と生徒、卒業生が勤労奉仕を行った。
	6	理科	雲	雲の形の変化。
	7	理科	梃子ト歯車	梃子と歯車の原理とそれを利用した道具。
	8	国民	新嘗祭	天皇と新嘗祭についての説明。
	9	歴史	孔子	4年制『普通国語』「孔子と釈迦牟尼」(8-27)、6年制『普通国語』「孔子」(12-13)
	10	公民	郵便	4年制『簡易国語』「小包と為替」(7-25) 葉書、手紙、電報、小包、為替の説明。
	11	地理	扶余	6年制『普通国語』「扶余」(12-25) 百済の古都、扶余の旅行体験。
	12	文学	炭俵	炭俵を校長の指導で生徒が作り、面事務所まで生徒がチゲに炭俵を背負って運んでいく。
	13	国民	十二月二十三日	皇太子の誕生の知らせに歓喜し、国旗掲揚と君が代斉唱、万歳三唱をした。
	14	地理	満洲から	4年制『普通国語』「満洲国」(6-10)、6年制『普通国語』「満洲国」(11-20)
	15	地理	世界	4年制『普通国語』「世界」(7-5) 世界地図による五大州、海洋の説明と世界各地。
	16	理科	星の話	4年制『普通国語』「星の話」(8-3)　夜空の星座、北極星、北斗七星の話。
	17	公民	市ト農業	市場の発達と朝鮮の市場での物産と売買高。
	18	実業	理事さんと部落	4年制『普通国語』「金融組合」(5-30) 農家は金融組合に加入し、借金のない自作農を目指す。
	19	実業	農家の手細工と加工	農家の手細工と農産物の加工品によって豊かになれる。
	20	文学	貞植君	一年生の貞植君と私の国語(日本語)で話すことの約束。
	21	修身	松下村塾	吉田松陰の高い徳と松下村塾、塾生の説明。
	22	歴史	釈迦牟尼	4年制『普通国語』「孔子と釈迦牟尼」(8-27)、6年制『普通国語』「孔子」(12-13)
	23	公民	家ノ調査	家族構成、資産調査、耕地調査、農産物生産高調査、現金収入・支出などを精査する。
	24	文学	炭焼く山	炭焼きの様子を表現した散文

巻	課	分類	課名	内容及び『普通学校国語読本』などからの引用
巻四	25	国民	非常時	国民の忠義心が国難の非常時を乗り切った。天皇の詔勅は国民に力と目標を与えてくれる。
	26	修身	爆弾三勇士	4年制『普通国語』「爆弾三勇士」(7-23)、6年制『普通国語』「爆弾三勇士」(12-24)
	27	文学	手紙	農具を注文する手紙事例、病状を知らせる手紙事例、甥と叔母との手紙事例。
	28	実業	朝鮮ノ農業	4年制『普通国語』「朝鮮農業」(8-18)、6年制『普通国語』「朝鮮の農業」(8-26)
	29	修身	郷約	朝鮮王朝期の偉人、李栗谷による郷約の内容と説明。郷約は徳を高め相互扶助する規約。
	30	修身	勤労の花	4年制『簡易国語』「勤労の花」(7-29) 卒業後から勤倹力行に励み、節約と貯金を心がけた。
	31	国民	納税美談	4年制『普通国語』「納税美談」(8-25) 税を納められないのは恥、簡易学校生徒の協力。
	32	国民	朝鮮の政治	4年制『普通国語』「朝鮮の政治」(8-30) 10月1日は朝鮮の「施政記念日」である。

　そして、最後に簡易学校生徒に天皇崇敬、皇国精神を浸透させるために、12頁にわたって明治天皇の偉業を記した「明治天皇」(4-1)や「天照大神」(2-1)、「神武天皇」(2-23)、「新嘗祭」(4-8)、神武天皇祭の「四月三日」(3-1)、皇太子誕生日の「十二月二十三日」(4-13)などの教材が配置された。また、「内鮮融和」の教材として「昔脱解と天日槍」(2-31)や「田道間守」(3-6)が載せられた。更に「満洲から」(4-14)や「我ガ国」(3-27)では、万世一系の天皇が治める帝国領土が示され、天皇への忠義を現す教材として、「非常時」(4-25)や「爆弾三勇士」(4-26)が収録された。そして、『簡易国語』の最終の課である「朝鮮の政治」(4-32)では、「併合」前までの朝鮮の停滞を指摘した後、「併合」後は総督が「一視同仁」で朝鮮の開発に勤しんだので、朝鮮は進歩して文明化したことが強調された。

　このように『簡易国語』の中でも特に巻3・4は、4年制『普通国語』や『普通学校修身書』などから引用した教材を再構成して、勤倹で植民地支配に従順な農民を養成することを焦点化して編纂されていた。

おわりに

簡易学校の目的は、「中堅青年の大量養成が農村振興の現役軍―主として下士官―を編成するのであるとしたなら、簡易学校はその後に続く少年兵を仕立てるものである」[19]と学務課長大野謙一が言及しているように、植民地支配下の農村振興のための人材養成であった。

それ故、職業科の農業実習と日本語習得を中心とした簡易学校の教育は、植民地支配に従順で農業に従事する勤倹な朝鮮人を育成することを目標としていた。そのため、『簡易国語』は農業に関連した教科内容を中核として、勤倹力行による自力更生の精神を養う教材や皇国臣民意識を浸透させる教材を中心に編纂されていた。そして、簡易学校は「普通学校其他ノ教育機関トハ全然其ノ体系ヲ異ニスル」[20]学校であったので、普通学校の教育課程に準拠する必要はなかった。そのため、学年配当に関係なく普通学校の3・4・5学年の教材が引用され、また、『普通国語』と比較して頁数や課数、教材分量も多く設定されていた[21]。簡易学校は2年間の完結教育であるため、『簡易国語』は『普通国語』と比較して、短期間で「日本語」を習得できるよう編纂されていた。

総督府は簡易学校の役割を「文盲退治の第一線、簡易学校」[22]と標榜し、『簡易国語』は「文盲退治の特別教科書」[23]と見なされた。しかし、『簡易国語』で教育された言語は「日本語」であり、その内容も植民地支配者から指示されたことを理解し、命令されたことに従うための「国語」教育であった。

本稿は『簡易国語』の教材分析を中心に展開したが、簡易学校で学んだ生徒への影響を勘案するならば、『簡易学校朝鮮語読本』や『簡易学校修身書教師用』、『簡易学校算術書』の教材内容・構成を明らかにする必要がある。これらについては、今後の課題としたい。

註

1 原本に関しては、韓国国立中央図書館（https://nl.go.kr/）の巻2・4と教育政策研究所教育図書館（https://www.nier.go.jp/library）の巻1・2・3を使用した。巻1は1935年3月25日、巻2は1935年9月30日、巻3・4は1936年10月31日発行本を使用した。

2 朝鮮総督府学務課編纂『朝鮮学事例規全』朝鮮教育会発行、1938年、357頁。

3 職業科を除いた1週間の教科時数は20時間で、国語12時間、朝鮮語2時間、修身2時間、算術4時間の配当であった。

4 パク・チェホン「簡易学校の皇民化教育－朝鮮総督府編纂簡易学校用教科書中心として－」『日本語教育』第73輯、2015年。

5 ソン・スクジョン「日帝強占下簡易学校国語読本の内容考察－実業補習学校国語読本との比較を中心にして－」『日本文化学報』第91輯、2021年。

6 ソン・スクジョン「『簡易学校国語読本』の漢字使用の様態考察－第3期『普通学校国語読本』との比較を中心に－」『日本語文学』第89輯　2021年。

7 駒込武『植民地帝国日本の文化統合』岩波書店、1996年、27頁。

8 韓国国立中央図書館所蔵の『普通国語』巻1（1930年2月5日発行）から巻12（1935年9月30日発行）までの教科書を参照した。4年制『普通国語』は巻5（1933年2月25日発行）から巻8（1934年9月30日発行）までのものを参照した。

9 前掲書『朝鮮学事例規全』365頁。

10 4年制普通学校においても、6年制普通学校においても第1・2学年用の国語教科書は、『普通国語』巻1・2・3・4が使用されていた。

11 巻1は課としてのまとまりのある教材構成ではないため、分類整理は課が設定されている巻2以上とした。

12 『普通学校国語読本巻二編纂趣意書』1930年9月、1-2頁。

13 『普通学校国語読本巻一編纂趣意書』1930年9月、6頁。

14 「2年間の教育で初等教育水準を完了しなければならないので、学習する児童の発達段階、教育進度とは無関係に難易度の高い漢字語を学習したことがわかる」と指摘している。前掲ソン・スクジョン註6論文、32－33頁、43頁。

15 池田林儀『朝鮮と簡易学校』京城活文社、1935年、16頁。

16 修身教科書は『簡易学校修身書教師用』のみで、生徒用教科書は編纂されなかった。そのため、『簡易国語』に収録されたと考えられるが、『普通国語』や文部省国定国語読本教科書には、二宮金次郎の教材引用例はない。

17 『簡易学校用初等国語読本巻4教師用』1942年、87頁。

18 金徳兆「簡易学校の総合的経営の卑見」『文教の朝鮮』1934年6月号、53－54頁。

19 前掲書『朝鮮と簡易学校』、229-230頁。

20 前掲書『朝鮮学事例規全』362頁。

21 『普通国語』巻4の25課、105頁、1頁文字数168字に対して、『簡易国語』巻4は32課、140頁、1頁文字数210字で構成されていた。

22 「文盲退治と簡易学校1」『京城日報』1935年3月26日から「文盲退治と簡易学校20」『京城日報』1935年4月25日までの記事。

23 「文盲退治特別教科書編纂」『東亜日報』1935年2月1日。

Ⅳ． 書評

書評

蘭信三・松田利彦・李洪章・原佑介・
坂部晶子・八尾祥平編

『帝国のはざまを生きる
――交錯する国境、人の移動、アイデンティティ』

冨田　哲[*]

　2024年の夏に愛知・豊川に帰省した折、中学校のときの先生と同級生
で食事をする機会があった。保育園から中学校まで同じだったそのうち
の1人の家は、山すその台地で畜産業をいとなんでおり、そのあたりの住
民がどこかから開拓で入って来た人々だということは以前から漠然と知
っていた。しかし今回、彼女の家族がもともとは伊那から満洲にわたり、
戦後の引き揚げで、さらにここに入植したのだということを聞かされた。
　引き揚げと言えば、私の父は日本統治下朝鮮・全羅北道生まれであり、
幼少時に壱岐に引き揚げている。とはいえ、それは祖母が壱岐の出身だ
ったからであり、豊川から朝鮮にわたった祖父や父にとっては、まった
くの異郷への引き揚げだった[1]。
　…などといった、少なからぬ日本の人々の周囲にある引き揚げの追憶
も、「「送還」でも「追放」でもなく、「引揚げ」として自分たちの「祖
国復帰」をとらえようとする認識枠組み」(本書378頁。以下引用は頁数
のみ)にもとづく語りとして、その問題性が意識されなければならない。
西成彦が論じているとおり、日本においては「送還」「追放」「撤収」な
どではなく「引揚げ」という語が定着し、それによって「内地」への帰
還者の経験が語られ続けてきた。引き揚げが日本人と戦争の物語として
意識されてきたがゆえであろう。
　本書の対象となる地理的空間は「「大日本帝国」崩壊後の東アジア社

＊淡江大学

会」全体であり、時間的には「二〇世紀初頭の植民地期から冷戦体制が構築されるまでの約半世紀」(10頁)が視野に置かれる。本書の編者の1人で、序章で全般的な導入を執筆している蘭信三が編者となり、本書とも執筆者が一部かさなる別の書籍は、帝国内での人口移動の方向や規模をわかりやすくモデル化した地図を冒頭で提示している[2]。私も授業でたびたび使用している地図だが、帝国崩壊後にはこの地図にさらなる移動が書きくわえられることになる。日本人であるかないかを問わずふたたび大規模な移動がひきおこされることになったが、これは崩壊前にどこかへ移動していた人々が故郷へ引き揚げたといった話にとどまるものではないし、帝国内で移動をした人々／移動を強いられた人々にとって引き揚げが完結したのかどうかもわからない。ある場所にとどまり、将来的な故郷への引き揚げ、あるいは別の場所への移動を希求していたにもかかわらず、それがはたせなかった人々もいるだろう。第8章でニコラス・ランブレクトは、樺太生まれの在日コリアン作家李恢成の作品を分析しながら、「常に次なる移動へと開かれた可能性としての引揚げ」を語るために「引揚性」という概念を使用しているが、たしかに引き揚げは始まりと終わりを明確に線引きできる現象ではあるまい。

　国際日本文化研究センターの共同研究、およびその一環として開催された研究集会の成果報告書としてあまれた本書は全部で700頁をこえる大著である。各論文が5つの部に配され、各部に導入としての「総説」、末尾に「補論」が置かれている。章立てと執筆者は以下のとおりである。

　　序章　〈帝国のはざまを生きる〉という問い(蘭信三)
　　第Ⅰ部　移動の経験は世代や境界をいかに「越える」のか
　　　総説　はざまから「ナショナル」を問い直す(李洪章)
　　　第1章　「結節点」としての在日コリアン—日本と朝鮮半島に跨る親
　　　　族の繋がりと葛藤(竹田響)
　　　第2章　「存在しない国」と日本のはざまを生きる—台湾出身ニュー
　　　　カマー第二世代の事例から(岡野翔太(葉翔太))
　　　第3章　中国帰国者アイデンティティは世代を越えるか—三世の語
　　　　りを中心として(山崎哲)
　　　補論　世代とアイデンティティに関する一考察—後続世代の社会的

位置と対抗的アイデンティティに関心を持つ立場から（孫片田晶）

第Ⅱ部 朝鮮戦争—「帝国のはざま」で起きたポストコロニアル戦争

　総説　朝鮮戦争—帝国の戦争から旧植民地の分断へ（原佑介）

　第4章　朝鮮戦争報道と占領期日本—映像メディアの分析を中心に（丁智恵）

　第5章　朝鮮戦争におけるマイノリティ兵士の従軍経験—ポストコロニアル戦争を象徴するもの（松平けあき）

　第6章　ポストコロニアル日本語文学と朝鮮戦争—小林勝の反戦運動と麗羅の従軍体験に着目して（原佑介）

　補論　非武装中立「日本」と「朝鮮戦争」物語—堀田善衛『広場の孤独』と張赫宙『嗚呼朝鮮』の磁場から（高栄蘭）

第Ⅲ部　引揚げの表象—植民地を故郷とするということ

　総説　引揚げの表象—植民地を故郷とする人びとの視点から（坂部晶子）

　第7章　安部公房『城塞』における満洲表象（坂堅太）

　第8章　終わりなき旅の物語としての引揚げ文学—李恢成の初期作品における「引揚性」をめぐって（ニコラス・ランブレクト）

　第9章　湾生映画にみる植民地二世の記憶と表象（野入直美）

　補論　引揚げ、残留、滞留（西成彦）

第Ⅳ部　境界を生きる、境界を考える

　総説〈はざま〉を越え、〈あいだ〉に生きる（八尾祥平）

　第10章　一九五〇年代末〜一九六〇年代日本における韓国人の朝鮮統一運動—『統一朝鮮新聞』の分析を軸に（松田利彦）

　第11章　戦後日本のジェンダーポリティクスと国土主義—在韓日本人妻とその家族をめぐって（朴裕河）

　第12章　在韓日本人女性の「遅れてきた"引揚げ"」—戦後日本における帰国政策の誕生（玄武岩）

　第13章　解放以降における在「満」／在日朝鮮人社会の跨境的諸相—包摂と排除の〈あいだ〉（権香淑）

　第14章　帝国主義的〈境域〉としての八重山・対馬（上水流久彦）

　第15章　米国人歴史家の生きた東アジアの境界領域—ジョージ・H・カーと台湾・沖縄（泉水英計）

　補論　境域における場所の多様な物語をめぐるコンフリクト（福本

拓）

第V部　境界を越えて生きるということ

　総説　「統治されるひとびと」のアジアという問い（八尾祥平）

　第16章　近代朝鮮華僑の中華商会設立とその役割—大邱中華商会を
　　中心に（李正熙）

　第17章　マンチュリアにおける満洲人、旗人、満族（塚瀬進）

　第18章　日本統治期台湾人家族の日本における発展とその商業ネット
　　ワーク—神戸泰安公司陳通ファミリーを中心に（陳來幸）

あとがき（松田利彦）

　各論のタイトルを見るだけでも主題の広範さや着眼点に圧倒されるほかないが、本書の考察の柱にすえられるのは書名にもあるように、旧大日本帝国圏各地において「帝国のはざまを生きる」（傍点ママ）人々のすがたである。蘭によれば次のとおりである。

　　従来、〈帝国のはざまを生きる〉という視角は、帝国間の「敵対的な共犯関係」という視点に象徴されるように、国際社会のパワー・ポリティクスという巨大な力のなかで生きざるをえない客体としての民衆（や小国）の苦しみを前景化しがちであった。もちろんその側面が重要であることは言うまでもない。だが、本書は、そのような〈帝国のはざま〉に規定される客体としての民衆の姿だけでなく、複数帝国のはざまでその巨大な力に翻弄されながらも、それに立ち向かい、あるいはすり抜ける主体としての民衆によって生きられる〈帝国のはざま〉という側面により注目する。（10頁）

　大日本帝国の崩壊後、東アジアのかつての帝国圏は「帝国から民族国家に転じ、グローバル化する冷戦構造に組み込まれていった」（15頁）。民族国家が無謬であるなどと言うつもりはこれっぽっちもないが、大日本帝国に続いて東アジアに立ちあらわれたのは、複数の内外の帝国が民族国家、あるいはあらたな統治領域をみずからの影響下におき相克する光景であった。「日本帝国の支配からの脱植民地化過程に、米国やソ連邦という新たな「帝国」の影響下へと移った」（18頁）朝鮮半島や、「日本帝国

の植民地支配から新たな中国国民党による支配へと推移し」(19頁)た台湾、そして日本列島・満洲・樺太・沖縄などで「帝国のはざま」を生きる人々の姿を本書は読者に突きつける。大日本帝国の植民地・占領地統治を問うているわれわれにとっては、往々にして関心の外、と言ってよくなければ関心の「辺境」に行ってしまいがちな「その後」を、貫戦史の観点でみずからの問題意識と接続することができる読みごたえのある著作である。

　研究関心の所在や背景理解の程度ゆえだろうが、私にとってとくに印象深かったのが第14、15章の上水流久彦と泉水英計の論稿、およびそれらに対する福本拓の補論である。

　八重山と花蓮など台湾東部、対馬と釜山は、帝国崩壊後には国境線でへだてられることになった。こうしたことなる中心と結びつけられた隣接地域の相互交渉の場を、上水流は植野弘子の論を引き境域と呼ぶ。境域では、帝国期に両地間で存在した「自由な」越境の記憶を想起しながら交流がおこなわれてきている。しかし帝国期の越境は、幾重におよぶ統治者・被統治者の階層的秩序のもとで「差別される立場と差別する立場という二面性」(564頁)をのがれることができなかった。すなわち、かれらは「コロニアリズムとインペリアリズムのはざまに存在」(同)せざるをえなかったのだが、そうした点はほとんど不問にふされたまま、今日までの両境域での交流や交易がおこなわれてきたという。しかし、そうしたやり方では、これまで同様これからも摩擦の発生は避けられないだろうと上水流は指摘する。

　一方、泉水は、二・二八事件発生時に米国在台北副領事であり、その後、陸軍省の委託事業として実施された琉球列島学術調査に参加したジョージ・H・カーをとりあげる。かれが二・二八事件をまのあたりにして執筆した『裏切られた台湾』などが台湾ではよく知られているが、それらとともに上記調査の報告書の日本語版『琉球の歴史』など、かれの琉球史論述も俎上にあがる。カーは「台湾史家」としては台湾を「フロンティアの島」と位置づけ、おそらく二・二八事件とかさねあわせながら「台湾漢人」の外来勢力統治に対する抵抗をえがきだす。「琉球史家」としては、「沖縄はいつでも日本の利益のために犠牲にされてきた」(586頁)という沖縄の有識者たちの主流認識を受け入れつつ論述をこころみ

た。カーは「戦争に前後してこの帝国のはざま（台湾と沖縄。冨田注）を移動した人々」（594頁）との接触のなかで台湾史や琉球史を執筆しており、帝国崩壊から日が浅いこの時期の台湾や沖縄は、カーによってまさに境域として主題化されたと言えよう。

　八重山と花蓮、対馬と釜山のつながりは、いずれも帝国内の隣接地域の関係から、国境線をへだてた両国の周辺どうしの関係へと変わった。一見政治性のうすい境域内での交流は、境域を遠く離れたところで揺れ動く国家間関係の動向によって容易に阻害されたり変化を強いられたりする。同じく帝国内にあった台湾と沖縄もやはり、中国の唯一の正統政権を標榜する政府が統治する台湾と米国統治下の沖縄とにわかれ、後者は日本に復帰、前者は中国の政権であることを建前上もほぼ放棄して今日にいたっている。台湾と沖縄・八重山を一つの境域として想像することの利点はけっして少なくないと思うが、台湾に対する中国の軍事行動の可能性が頻繁に論じられる今日、残念ながらそうした観点からの議論は、台湾においても、沖縄においても、日本においても困難になっているというのが現状ではないか。それともその困難さは未来を構想する能力のなさゆえなのか。

　「越境という生活形態や経験は、既存の自他認識や歴史認識を変容させる可能性を持つが、国家を主とする空間の論理は、境界の（再）画定とその内部の均質化を通じ、越境に伴う場所の多様な物語を縮減する」（606頁）。境域に住む人々もふくめ、国民国家体制が所与の前提として受け入れられているように見える今日の東アジアにおいて、境域内での国家をまたいだ出会いはどの程度可能なのだろうか。本書全体のテーマから言えば、「帝国のはざまを生き」られる可能性は以前より広まっているのだろうか、あるいは逆にせばまってしまっているのだろうか。

　（みずき書林、2022年、728頁、8,000円＋税）

註
1　冨田哲「コラム　ある朝鮮総督府警察官の移動」、植野弘子・上水流久彦編『帝国日本における越境・断絶・残像　モノの移動』風響社、2020年、105-108頁。
2　蘭信三編『日本帝国をめぐる人口移動の国際社会学』不二出版、2008年、地図iv。

書評

菊地俊介著

『日本占領地区に生きた中国青年たち
──日中戦争期華北「新民会」の青年動員』

楊慧[*]

はじめに

　評者は、戦時期の華北地域における音楽活動と民衆動員との関わりを研究している。それを機に、本書に興味を持っている。新民会は半分が日本人、半分が中国人で構成される組織であった。これまでの研究は主に新民会の「傀儡政権」への協力としての役割という面に着目していた。その中で、新民会の青年動員に関して言及があり、主に軍事動員や日本への敵意を払拭させるために、青年たちに「奴化」教育を施したという思想宣伝の角度から考察を行った。

　新民会の会員数は数百万人にまで達しており[1]、動員対象となった青年も多数存在していた。占領区の社会の実態を考慮せずに、親日化工作を行う新民会とその対象となった民衆という単純な対立構図で理解するだけでは、戦時中の華北占領地における数百万の民衆の生活実態を掴むことはできないだろう。本書は、まさにこのような単純な対立構図を打破し、占領下の華北社会の全体像を視野に入れ、戦時体制に巻き込まれた人々が異なる立場に基づいて新民会の動員に対して異なる反応を示したという実際の状況を如実に描いた力作である。

＊神戸大学大学院国際文化学研究科博士後期課程

I　本書の構成と論点

　本書では、新民会の刊行物や内部史料、公文書等に基づき、新民会の青年動員工作に焦点を当て、占領下の社会に生きる民衆と彼らを取り巻く社会の姿を考察している。序章と結語以外、全体で7つの章から成り立っている。

　第1章では、新民会の設立経緯、変遷、組織構造及び新民主義という指導思想をまとめた。著者は、新民会がどのように民衆に新民主義を宣伝し、実生活に取り入れる試みを行ったのかを示すため、新民会が発行した漫画や、新民主義を実生活に移す典型的な事例である新民生活実践運動の法案など、新しい史料を取り上げた。

　第2章では、新民会が華北各地に設置した青年訓練所と青年団に焦点を当て、組織構造や活動内容などの全体像を復元し、ここで選抜された青年像についても検討した。新民会は現地のあらゆる青年層を一律に強制的に組織化し、動員するのではなく、農村の優秀な青年を選り分けて組織化しようとしていたことが明らかにされた。

　第3章では、日本占領下の華北地域において競合する存在であった中国国民党と中国共産党の地下工作を検討しつつ、第2章で述べた青年の選抜基準の理由について説明した。新民会は共産党や国民党による地下工作の影響を受けやすく、内通している可能性がある貧困層や知識青年を組織化の対象から遠ざけ、代わりに地主や富農の子弟、有産階級の青年を味方に取り込みやすいと見なしていたという理由を指摘した。また、日中戦争末期に近づくにつれ、新民会の青年動員が「階級意識をなくせ」というスローガンの下で、あらゆる青年を強制的に組織化する変化も論じられている（108頁）。このように、新民会による青年動員工作の動態的な変化も示されている。

　第4章では、第2、3章とは逆の視点から、青年動員の実態と、動員された青年たちの受け止め方を、青年自身の視点に焦点をあてて考察した。新民会に不信感を抱いた現地の青年たちは入所したがらず、条件に合わない青年も含めて強制や不正な手段によって集めなければならない実態があった。こうした中、青年訓練所が就職の斡旋役割を果たすことを宣伝することで、青年たちの自発的な入所を促すことができた。また、青

年訓練所は当初青年を戦闘員として戦場に動員しない方針を採っていたが、時局の変化に従い、軍事動員の役割に移行していったことも論じている。

　第5章では、華北が日本占領統治下に置かれてからも依然として存在していた欧米キリスト教会と新民会との競合を分析した。現地の住民は日本の占領統治に対する不信感を抱き、公立学校ではなく欧米系の教会学校に子供を通わせようとしていたこと、教会学校が新民会の活動を拒否していたことなどが明らかにされた。太平洋戦争後、英米のキリスト教会が明確に敵とされ、新民会が教会に取って代わり、社会事業を引き継ぐこととなった。この分析を通じて、新民会の民衆工作について本質的には民衆の支持を得る基盤が脆弱であったことが示唆された。

　第6章では、新民会が労働を軽視する旧来の観念を改め、教育内容も実学や職業教育を重視すべきだと説き、また、自由恋愛と自由結婚を肯定していたことが論じられている。この部分の分析により、新民会の教化宣伝が民衆を束縛し抑圧する「封建道徳」への回帰であったとする一般的な認識に対して、むしろ「封建道徳」を打倒すべきものとして位置づけていたことが強調された。著者はここで、新民会が単に青年に解放をもたらしたという評価に留まらず、むしろ新民会の行動には戦時動員の要請に応えて華北臨時政権にとって有益な人材を育成する意図が含まれていたと強調した。

　第7章では、新民会による女性動員工作をめぐって、新民会の女性組織の構造や活動、新民会が指導した女性運動、女性組織に入っていた女性像を復元した。新民会では、基本的に男性と女性は本質的に異なるとし、男性は仕事に、女性は家庭に専念すべきという役割分業を提唱したが、新民会は同時に女性が社会に進出して生産労働に従事することも肯定していた。新民会が唱えた女性の理想像は、家事をこなしながら生産労働にも取り組む能力を持つ、自立した女性、即ち新しい「賢妻良母」のモデルとされた。

Ⅱ　本書の意義

　本書は従来先行研究で不足していた新民会の青年動員工作に光を当て

つつ、綿密な史料の読み込みを通して多数の興味深い事実を解明している。本書の意義は多岐に亘り、多くの優れた点に注目すべきだが、評者は主に以下の3点を強調したい。

　まず第1に、戦時期の華北地域の社会情勢を考慮しつつ、新民会の青年教化動員工作に関する夥しい史料を丹念に考察することで、動員工作の実態を多方面から具体化した。例えば、新民会の階層によって青年を選り分けた選抜方法や、国民党や共産党の新民会への浸透など、今まで指摘されていなかった事実が初めて明らかにされた。また、欧米のキリスト教会を分析に取り入れることで、新民会対中国民衆という対立構図だけでは見えてこなかった三者間の複雑な関係を立体的に示し、特に日中戦争の進展に伴い、華北地域における日本と欧米の競合が浮かび上がっている。これは今後の日中戦争期の社会史研究に大きな示唆を与えるだろう。

　第2に、これまでの傀儡政権像について再検討を迫る指摘が多く含まれている。例えば、新民会の女性動員や、教育の中で「封建道徳」と近代化の両方が含まれていたことなど、独創的な検討の視角を示した。評者が強い興味を持つのは、「暑期青年団」の青年たちの目に映った新民会の教官の姿に関する内容である。

　最近数十年間、占領地に関する研究において「協力・従属・沈黙・抵抗」という枠組みが広く用いられ、占領地社会の実態が客観的に検討された。特に2019年に出版された関智英の著作（『対日協力者の政治構想――日中戦争とその前後』名古屋大学出版会、2019年）は、これまでの占領地研究で看過されていた中国人対日協力者の政治思想や構想に光を当て、対日協力を選択した人々の複雑で多様な心理の深層に迫った。しかし、鄒燦の指摘通り、関（2019）の研究で扱われたのは、例えば、梁鴻志（1882～1946）や温宗堯（1876～1946）のように維新政府の「上層部」の官員であり、占領地社会の「基層」を構成していた人々には触れていない[2]。これに対して、本書で扱った暑期青年団の学生と直接に接触した団長（教官）たちは、占領地の一般民衆よりは地位が高いが、関（2019）で取り上げられた人々と比べると、より「基層」に近い下層部の役員と言えるだろう。本書で取り上げられた劉家驤（新民会首都指導部指導科科長）を代表とする団長らの言論は（147-151頁）、まさに親日組織で働いていた下層部の役員たちの立場を鮮明に反映する史料と言えよう。この部分は、戦

時の華北占領区における民衆の実態に関する研究に新たな史料を提供する可能性があると考えられる。

　第3に、本書で取り上げられた新民会の動員下で暮らしていた一般の青年の思想状況に言及している部分が非常に興味深い。新民会に参加した青年たちの中で、最も多かったのは中立派であると本書では指摘している（142-144頁）。即ち占領期の青年たちが、生存や一時的な栄達を求めるために、政治的な立場においてかなり曖昧な姿勢を示していたことを明らかにしている。これらの知見は、華北地域の一般民衆の心理実態を理解する上で大いに役立つだろう。

　従来の研究では、占領地の住民の反応に注目しつつ、彼らの動員に対して「抵抗対反逆」という二分法的な枠組みで捉えられることが多かったと、朴尚洙（2012）は指摘した[3]。本書の分析により、新民会に加入した青年たちには、それ以外に中立派がいたことが明らかになった。当時の抗日軍隊や団体に参加した青年たちと比べると、新民会に加入した青年たちが愛国精神に欠けたり臆病と一般には評価されることもあるが、実際には、占領区に住む青年たちの大多数は、愛国でも売国でもない中立的な立場である「グレー・ゾーン（grey area）」に止まっていたと言える[4]。このような曖昧な態度は、占領地の現実を受け入れざるを得なかった多くの占領地の住民に共通して見られる現象かもしれない。例えば、Henrik Dethlefsen（1990）は戦時のデンマークの立場を分析する際に、占領された状態で権力者に迎合することは、どの歴史時代でも存在する社会的状態であるとの主張を示した[5]。最近、中国では占領地域における住民の実際の生活環境や心境についての研究がますます増え、より客観的で中立的な議論が展開されている[6]。

　最後に、著者にさらに検討を進めてほしい2点について述べたい。

　まず、第4章における動員対象となる青年たちの反応についての分析である。この部分に取り上げられた史料の多くはあくまでも新民会内部の指導者層の官員によって執筆され、日本人指導者の認識を表している。しかし、新民会の青年動員工作の実態をより詳細かつ包括的に把握するためには、当時華北地域に住んでいた新民会に所属していない現地の中国人青年たちの考え方も考慮に入れるべきであろう。例えば、北京に住んでいた董毅という青年は、占領前から戦後まで日記をつけ続け、華北

地域の社会情勢と個人生活を記録していた。彼の日記には、初めは臨時政権に対して不満な態度を抱いていたが、次第に新民会に参加する意欲が高まっていく心境変化の過程が生き生きと描かれている[7]。このような華北の現地の青年たちの生の心情を表す史料を追加することで、新民会の青年動員活動の効果や当時の社会で担った役割をより深く理解できるのではないだろうか。

　もう1点は、日中戦争のもう一方の当事国である日本国内の戦時動員体制に着目する必要である。本書で取り上げられた新民会の青年動員活動の実施場所（青年訓練所）や提唱された理念（例えば、新しい「賢妻良母」としての女性動員の具体的なイメージ）は、戦時期の日本国内の国民に対する動員工作と多くの共通点を持っている。本書は中国の華北地域を舞台にした事象に注目したが、将来の議論において、日本国内の政策との関連も考慮する必要があろう。これにより、華北地域での動員工作の背後にある要因や経緯がより明確になるだろう。また、政治や軍事の領域を超え、戦争に巻き込まれた両国の一般市民が経験した苦難に焦点を当てる議論も期待される。

（えにし書房、2020年7月、288頁、3,000円＋税）

註
1　堀井弘一郎：「新民会と華北占領政策上」『中国研究月報』1993年、539号、11頁。
2　鄒燦「書評」：『現代中国』2019年、94号、112頁。
3　朴尚洙：「日中戦争期における中国人協力者—研究視点の省察」『中国研究月報』2012年11月、30頁。
4　グレー・ゾーンとは曖昧で矛盾した関係が展開されていた一般民衆とその敵との「非武装接触」を指す。Lloyd E. Eastman, 'Facets of an Ambivalent Relationship: Smuggling, Puppets, and Atrocities during the War,1937~1945', in Akira Iriye,ed., *The Chinese and the Japanese: Essays in Political and Cultural Interactions*, Princeton. NJ: Princeton University Press, 1980, pp. 275-303.
5　Henrik Dethlefsen, 'Denmark and German Occupation: Cooperation, Negotiation, or Collaboration', *Scandinavian Journal of History,*15:3,1990, pp.198-199.
6　江沛、王希：「自保、愛国、屈叢：一個偽満州『合作者』的心態探微」『日本侵華南京大屠殺研究』2023年2期、32-40頁。李秉奎：「抗戦時期淪陥区都市青年的生存与心態—以北平、上海両青年的日記為例」『河北学刊』、2018年6期、89-93頁。
7　董毅：『北平日記』(1〜5)、北京：人民出版社、2015年、『第3冊』853頁、『第4冊』1137頁。

書評

王楽著

『満洲国における宣撫活動のメディア史
──満鉄・関東軍による農村部多民族支配のための文化的工作』

Flick, Ulrich[*]

　この書物は自身の博士論文を基に、2023年に新聞通信調査会より刊行された学術研究書である。著者の王楽氏（以下、著者と記す）は中国山東省生まれで、2021年に東京大学大学院において学際情報学の博士号を取得している。本書の内容は満洲国における宣伝活動の分析であるが、分析方法の特徴として挙げられるのは、1）メディア史の視点を中心に据えていること、2）農村部における活動に焦点を当てていること、の2点である。まず、本書の要約から始めよう。本書の基本的な構成は以下のとおりである。

・序章
・第一章　宣撫とは何か
・第二章　制度化される宣撫
・第三章　宣撫宣伝活動の方法
・第四章　各地域における宣撫宣伝活動の実践例
・終章

　各章はさらに細かく節にわけられ、節ごとに小括が付されている。それらの順に従って、章ごとに本書の内容を紹介してみたい。
　序章では、本書における問題意識、研究目的、研究対象及び研究方法

[*] 東北学院大学

が紹介されている。著者は、中国における宣伝活動の歴史研究において満洲国の役割が無視されがちであることを指摘する。まず「宣撫」という重要概念に関する細かい説明がなされる。「宣撫」は、中国の唐代にまでさかのぼり、戦争状態における異民族に対する宣伝活動のコノテーションという役割を担う。そういったニュアンスにより、「宣撫」という概念は当時満洲における宣伝活動にも適用されたが、戦後日本では帝国主義との関連で、使用が避けられる傾向にあったとされる。「宣撫」と「宣伝」を明確に区別することは実際にはかなり難しい。本書においてはこの2つの概念が併用されていることに読み手は注意が必要であろう。

　著者は先行研究に触れつつ、中国側の研究も日本側の研究も、これまで現地社会への眼差しが十分ではなかったという問題点を指摘する。著者の考察は、まず満洲国の農村部社会の特徴の分析から始められる。戦後の中国における宣伝の研究は主として共産党に着目してきたが、最近は徐々に現地の要素に焦点が移りつつある。著者は本書も後者の流れに与することを表明しながら、東北地方における共産党の農村統治の在り方には、満洲国の宣伝活動が深く関わっているという仮説を立てる。著者の分析は、実証主義的手法をベースに視聴覚メディアによる宣伝活動の検証を行うことで、満洲国の農村部における宣伝活動の動態的かつ重層的な実態を明らかにすることを目指している。研究対象とされるメディアのカテゴリを明確に分類することで、「宣伝」及び「宣撫」といった概念もより具体的に定義される。農村部におけるメディア活動は多様であることから、研究には学際的なアプローチが重要である。その研究目的を達成するための4つのアプローチとして著者は、宣撫活動の概念形成の経緯、その歴史的な発展、満洲国での実施の変遷、そして代表的な実践例の4つを挙げている。以下、章ごとに概観してみよう。

　「第一章　宣撫とは何か」では、欧米寄りの積極的な宣伝理論の導入及び宣撫という概念を基盤に、現地の情勢に適応しながら、満洲国においていかに独自の宣伝理論が形成されてきたかという過程が具体例とともに検証される。著者の検証は、「宣撫」の理論的特徴のみならず、内地及び華北における大陸政策に及ぼした影響にまでも及ぶ。特徴として挙げられるのは、娯楽慰安と宣伝の統合、農村部社会の特徴への配慮、そして官民一体の体制といった諸点である。農村部における宣撫活動の主な

ターゲットは、漢族及びモンゴル族である。この章では宣撫活動における
メディアも注目され、口伝及び娯楽と宣伝を横断する視覚メディア、さ
らに宣撫活動における施療施物の役割が具体例とともに強調される。著
者の考察は、多様な資料に基づき丁寧に進められてはいるが、根拠とし
て挙げられた資料が、著者の提示した時間的背景とズレている場合があ
り、読者としてその有意性を判断できない部分がある。同じ問題は、他
の章でも見受けられる。

　「第二章 制度化される宣撫」では、満洲国における宣撫活動の制度面に
注目する。考察の中心となるのは、制度的な宣撫活動の基盤を作った満
鉄と、満洲国建国の当初より宣撫活動に取り組んだ関東軍である。1918
年以来、制度的に宣伝活動に取り組んでいた満鉄の宣伝活動の特徴は、
ターゲットに合せて内容を区別したことであり、満洲国の建国以降、国
策宣伝の大きな役目を担った。ここで著者は、慰安列車・慰安船・慰安
自動車、そして鉄道愛護運動の考察を行なっている。前者3つのカテゴリ
の活動は満洲国の建国前まで遡り、その特徴は、スタッフや関係者を主
な相手にすることで、福利厚生の側面と連携している点である。鉄道愛
護運動は沿線の住民を相手としており、その中身は警備工作及び思想強
化に分けられる。一方関東軍については、本書では満洲国建国以降の活
動のみが考察の対象とされている。正式な宣撫活動の開始は、1932年北
満討伐である。関東軍の宣撫活動は、「敵前」・「敵陳地内」・「討伐終了」
の3つの段階に区分され、活動の内容をそれぞれの段階に合せることが特
徴的である。具体例として、まず1933年の熱河討伐が紹介され、さらに
1936年以降満洲国に見られる宣撫活動の人員の現地化、そして映画及び
宣伝自動車を中心に、宣撫活動の技術の整備にも目が向けられている。

　「第三章 宣撫宣伝活動の方法」では、講演と映画上映、施療施物と映
画上映、そして人を引き付けるための工作方法の3つが区分され、それぞ
れの分野における宣撫活動の方法が具体的に分析される。講演と映画上
映の組み合わせは1932年より開始された。講演と映画の内容には当初は
関連性がなかったが、教化に重点が置かれはじめると、啓民映画の作成
も始まり、最終的には1940年代の映画の現地化へとつながっていく。

　映画の内容に影響を与えたもう1つの要因として挙げられているのが、
施療施薬活動である。映画上映と施療活動との組み合わせは、1932年に

王楽著『満洲国における宣撫活動のメディア史』　129

関東軍によって始められるが、効果的な宣伝方法であるとして、他の機関によっても引き継がれていく。内地より提供された衛生映画が現地のニーズには合わなかったため、1939年以降は現地に合った内容の映画が満洲国で作成された。ここではその具体例が紹介されている。施療施薬活動では、映画上映以外にも明確な宣伝性を持つ多様なメディアが使用されたという。著者は、それらのメディアの使用方法が人を引き付けるための工作方法であったとしている。1940年代に入ると複数のメディアが同時に使用され、内容的にも関連づけられていることが特徴であると著者は述べている。章末には、1937年～1939年の間に宣撫活動で上映された映画と、満洲国において作成された衛生関係の啓民映画の情報が一覧表の資料として挙げられている。

　「第四章　各地域における宣撫宣伝活動の実践例」では、満洲南部で漢族が中心となった娘娘廟会、満洲北部でモンゴル族が中心のラマ教廟会の2つがクローズアップされる。まず紹介されるのが、一般的な習俗としての廟会および満洲国における廟会である。廟会の中でもっとも普及し人気が高かったのは、清の時代に満洲に移住した漢族がもたらした娘娘廟会である。宣撫活動としてのそのポテンシャルは、満洲国政府によっても認識されていた。廟会は、政治的宣伝のみならず観光事業の促進をも目的としており、そういう特徴は1920年代の満鉄の活動にも見られる。1928年以降、満鉄は娘娘廟会を観光資源として開発していくが、著者によれば、それ以前の時代においては、中華民国によって国民意識の育成にも使用されたとのことである。ただ、そのことが張作霖政権の時期にも当てはまるのか、また現地行政の役割をも果たした満鉄が、廟会において本当に商業的な目的のみを追求していたかについては、議論の余地があるだろう。

　この章では、大石橋における娘娘廟会を例として廟会の在り方も具体的に紹介されている。満洲国の建国まで宣伝活動の中心は印刷媒体であったが、建国以降は宣伝活動も多様化した。活動には政府や満洲国側の機関や組織が直接かかわるようになり、その内容も時局に合せられるようになる。それらの具体的内容が、ここではポスターと映画を中心に挙げられている。さらに1939年及び1941年の事例に基づいて講演と映画上映の相互関連が分析され、メディアの多くの事例が画像データとして記

載されている。

　章の後半では、モンゴル族のラマ教廟会に目が向けられている。モンゴル族地域のラマ教廟は、清朝の対ラマ教政策にルーツを持ち、日中戦争が勃発すると、宣撫活動に注目が集まった。ここでは、甘珠爾廟会及び葛根廟会を中心にラマ教廟会の細かい分析がなされている。漢族向けの宣伝内容の失敗を経て、その内容はモンゴル族に合わせて調整されるが、それがどのように展開されたかについて紹介されている。最後に、娘娘廟会に使用された印刷物の事例がラインアップされる。なお、漢族の地域の考察とは異なり、モンゴル族が中心になっている地域に関する考察部分では「多民族地域」という概念が用いられているが、その用語には若干違和感がある。

　「終章」は3つの節に分けられている。第一節では、第一章から第四章までの内容が要約され、議論が加えられる。目立つのは、満洲国における宣撫活動の展開及び推移を資本主義及びファシズムといった概念につなげようとする著者の意図である。ファシズムという概念は序章ですでに登場しており、その定義は明確に提示されていないが、「日本帝国主義における侵略主義」と捉えられている印象を受ける。中華人民共和国においてはこの認識が一般的だが、その場合の「ファシズム」はむしろ1つの政治用語であり、歴史学的概念に相応しいかは疑わしい。

　第二節では、戦後の中国における宣伝活動及び満洲国の宣撫活動との関連についての議論である。著者によれば、満洲国の宣撫活動が中国側に注目されたという根拠は存在するが、戦後の中国における宣伝との関連を明確にする資料はまだ見つかっていない。ただ立証はできないものの、多くの共通点や類似点により、共産党、また国民党によって継続されたり、参考にされたりした可能性はあるという。著者のこの仮説には説得力があるが、重要な論点になると思われる、先行研究において共産党の基盤となっていたと見なされてきたソ連の宣伝体制の特徴について触れられていないのが残念である。

　本書の意義及び今後の課題がまとめられているのが第三節である。本書の意義として著者が挙げているのは以下の諸点である。1) 本研究により満洲国における宣撫活動の独自性・関連性・多様性が明確にされた。戦前中国における宣伝の研究は、共産党及び国民党にのみ視点が偏

り、満洲国が無視されがちであったが、本書によってその空白が埋められた。2) 先行研究では、日中戦争期の占領地域における日本の宣撫活動は、満洲国より輸入されたものだとされ、満洲国の宣撫活動の在り方が十分に解明されてこなかった。3) 漢族中心の都市部における宣撫活動だけに目が行き、農村部が見落とされていた。本書はその部分もカバーできた。4) これまでの研究が単一のメディアに限定されていたのに対し、本書では複数のメディア活動の相乗効果にも注目した。

　最後に本書で扱えなかった今後の課題として、宣撫活動の受け手の視点、宣撫活動の効果の検証、そして他の占領地域との相違点の解明が挙げられている。

　主に2000年代以降、満洲国におけるメディアや宣伝について様々な研究が行われてきたが、著者が指摘する通り、これまで農村部における活動についてはほとんど注目されてこなかった。多様な資料に基づき丁寧に考察された本書は、メディアのみならず、宣撫活動の論理的背景やメディアと活動の関連性といった点までも包含しつつ、満洲国の農村部における宣撫活動について総合的に考察していることで、その空白を埋めることに大きく貢献している。満洲国の歴史的背景を鑑みると、研究対象を中国の国史的な枠組みに位置づけようとする著者の意図には多少疑問な点もあるが、著者が取り上げたいずれの点においても、本研究は確実な成果を上げている。また、本書には多くの資料が記載されているため、読者として参考にできる部分が多い。とりわけ、著者が中国・日本以外の資料や先行研究をも利用している点は高く評価できる。

　一方、満洲国における宣撫活動の歴史的なタイムラインが提供されていないため、読者としては論述に付いていきづらいところがある。農村部の特徴として、社会の多重性、多民族性、識字率の低さ、現代メディアの非普及等の事例が挙げられているが、満洲国農村部の状況は場所によって大きく異なる上に、満洲国が存在した間にもその状況は変化している。それらのことも視野に入れた上での丁寧な分析が必要であっただろう。

　また、満洲国政府情報処・弘報処や満鉄や関東軍や協和会など宣撫活動に当たった担い手がケース毎に取り上げられているが、それぞれの担

い手の役割やお互いの関係性といった点が十分に整理されていない。満洲国自体、崩壊するまでに急激な変化を経ているのであり、組織面をはじめとする内的変化が宣撫の在り方に与えた影響についての考察も欠かせないと思われる。細部の議論に多少物足りない点はあるが、本書が満洲国におけるメディア及び宣伝の歴史に関する貴重な研究資料となることは言うまでもない。

（新聞通信調査会、2023年、334頁、2,000円＋税）

書評

鄭大均著
『隣国の発見──日韓併合期に日本人は何を見たか』

井上　薫[*]

　著者は「日本統治期（日韓併合期）」（9頁）の朝鮮（韓国）を「重大な変化の時代」と評するが、「韓国がこの時代を抑圧、収奪、抵抗の物語として語り続けることに筆者は不安と不満を覚える」（11頁）として、韓国・朝鮮人にとって当たり前だからこそ気づきにくい「ハビトゥス」に着目した。

　この書は、これらを当時の日本人の「異邦人性」「少数者性」ゆえに気づいた印象記、言説、調査記録等の表現から見直そうとしたものである。したがって、従来あまり注目されてこなかった日常生活・風景の状況、洗濯などの伝統的な姿、家屋の状態、「北鮮」地方の衛生事情やシャーマニズムなど、古来の朝鮮らしさ、その残存の印象記などが選ばれた。第五章を除くと、対象の多くは、皇民化政策が大きく進む前であり、第五章も発光研究と地方医療巡回が中心で、植民地支配の状況は見えにくい。

　「日本人」が「見た」こととその意味については、高崎宗司『植民地朝鮮の日本人』（岩波新書、2002年）が重なるので、併せて読むべきだろう。また、『生活の中の植民地主義』（水野直樹編、人文書院、2004年）で言及された身体規律や神社参拝、創氏改名による支配関係の記述はない。

　構成は5章から成り次のとおり。末尾の付録は、第五章関連の日記（1941年分（抄））を発掘したもので、貴重である。

　序／　第一章　朝鮮の山河／　第二章　隣国の発見／　第三章　もう一つの眺め／　第四章　京城の歩く人／　第五章　旅する科学者／　付録　挟間

[*]釧路短期大学

134　Ⅳ．書評

文一の日記

　序において、著者は、「日本統治期（日韓併合期）が朝鮮の街や人や文
化に与えた影響は今日私たちが漠然と考えるよりはるかに根本的」（9頁）
だと述べる。例えば、言語について、「日本語を『国語』として押し付け
られた朝鮮人は一見母語を『喪失』したかに見えるかもしれない」が、
見方を変えれば「日本語の押し付けはバイリンガルの朝鮮人を生み出す
と同時に、近代語としての朝鮮語を生み出す契機」となり、「朝鮮総督府
が朝鮮語辞典を編纂し、『綴り字』や『標準語』制定において朝鮮語学会
と協働関係にあった」（10頁）と、「押し付け」ばかりではなかった側面を
指摘する。

　第一章「朝鮮の山河」では、朝鮮服、「禿山」などへの印象を対象とし
た。
　白い朝鮮服を「平安朝」のもの、「頭の上へ瓶だの籠だのを載せて歩い
て行く光景」を「全く古の販婦、販男に髣髴たるもの」（谷崎潤一郎）と、
前近代的に形容した事例を上げるが、それらも、決して蔑まれるもので
はなく、懐かしみ、日本の原点を示す貴重なもの、と受けとめる。また、
「禿山」は総督府が植林事業によって緑化したこと（永田秀次郎）、外来
の日本人でも見下げた感覚では受けとめてはいなかったこと（新木正之
介：長崎・旅順で育ち、9歳から朝鮮）を示す。朝鮮北方の景色を見て、
山水図に抱いていた「幻想性」が、現実性を持つようにかわった例（難
波専太郎）。一方、岩山の金剛山は誰からも絶賛されたことを、泉靖一
（人類学者）の幼少期、1920年代末期から毎夏、内金剛で療養した印象記
から引用した。また、朝鮮北部・赴戦高原と水豊ダムという「大自然」
に「大人工」な物を配する「近代的景観」は「雄大であり威圧的」との
紹介もある（市瀬五郎）。いずれも悪い印象ではない。

　第二章「隣国の発見」、「Ⅰ 少年の日の思い出」は、少年時代を朝鮮で
過ごした生活者としての記憶である。
　前述の新木（1904年生）は、水原で近所の朝鮮人の子と遊び、荷物を背
負った牛を見た。宮城道雄（1894年生；1907〜17年、仁川・京城在住、視

覚障害）は、箏や雅楽について、「少年の頃朝鮮で育ったせいか、朝鮮で自然の感じを教えられたような気がする」と回想し、「朝鮮の音楽は、一の笛で長く引張る節をやって、打楽器で三拍子とか、六拍子とかに変化させるのが多い。従って、民謡にしても面白いのがある。」という（68-69頁）。

「Ⅱ大人たちの見たもの」では、1914年に朝鮮各地を視察した法制局参事官の原象一郎が、朝鮮家屋の「むさ苦しさ」の一方で「衣服の点においては殆んど完全に近き社会的平等が行われている」と述べ（73頁）、また臨時教員養成所附属普通学校の生徒たちに「少しも人に怖れぬ」姿を感じた。しかし、それを「感情が冷ややかであって、かつ責任の観念が乏しい為」と受けとめた（1917年）。1920年に朝鮮と満州を旅して被差別部落研究等に関心を持つ歴史学者の喜田貞吉は、釜山の町外れの「平地から丘陵の半腹」に密集する「見たからに気の毒な」（朝）「鮮人の村落」で暮らしながら、「大抵清潔な純白の衣装を身に纏うている」様子を「全くの風俗の混乱過渡時代だ」と表現した（80頁）。また、砧の音が「節面白く聞こえ」た家を訪問して「家屋の狭隘、屋内の備品の貧弱」に驚いたが、「砧打と洗濯とは朝鮮婦人の常の勤」で「第一に数うべきもの」とし、衣食住の中では「朝鮮では第一が衣、次が食で、住まではなかなか手が届かないらしい」と評した（86頁）。一方、1922年9〜10月に朝鮮各都市の家屋調査をした今和次郎（建築学者・民俗学者）は、「家の内務」は「実際よく綺麗に片付いていて、美し」く、「便所や下水の始末は随分汚いが、それは教育の普及、衛生思想の植え付けによって案外早く変革の見らるべき事項」と評した（87頁）。この見え方は、「朝鮮人が不潔であるという日本人のステレオタイプを払拭す」るものであった（88-89頁）。このほか、小動物採集のため1905年に済州島を訪ねた旧制高校生の市河三喜や、東京帝大農学部水産学科を卒業、同講師を経て、1927年暮れに釜山の総督府水産試験場（技師）に赴任し、15年間、朝鮮の海と川で調査研究した内田恵太郎、さらに朝鮮居住者として安倍能成（京城帝大）を取り上げた。安倍は、1928年の随筆でチゲ（背負運搬具）の形状や幅広い用途について紹介し、「女はチゲを負わないで大抵な物は頭にのせる」こと、「物を背負う時、内地人よりも重心の置所（中略・井上）が、身体のより低いところにある」とも述べた（110頁）。著者はこの「人類学的視点は安

倍に特有」だと評する (111頁)。このほか、「朝鮮人の早婚」に係る「不安や不満」、また、日常風景である女性の洗濯の姿も書き留めた (113頁)。その他、安倍のエッセイから、絶妙な風景描写、日本への中国文化移入に「朝鮮の流儀」・「選択」があること、欧州文化と比較しての客観的描写などを第四章で紹介した。

「Ⅲ白磁の美の発見」では、1913年京城に入った浅川伯教・巧兄弟、1936年に蔵品蒐集のため朝鮮を訪れた民芸運動家の柳宗悦らの「朝鮮の旅」を紹介する。

「この時代には稀」な「隣国に魅せられて」渡鮮した浅川伯教は、李朝白磁の美しさと価値を見出し、高め (1935年)、さらに「朝鮮人の自文化認識を変えるに大きな貢献をした」(126頁) と評価する。また、伯教の弟・巧 (1914年より総督府山林課雇員) は、「日本人には珍しく朝鮮人と交わる力」があり (126頁)、人夫と協力し、樹物採集と砂防造林の実況視察の傍ら、古い窯跡を探し、陶器の破片の採集のため、一日中踏査した事例などを紹介した。他方で巧は、南山の「美しい城壁」を壊し「壮麗な門」を取り除けられ造成中であった朝鮮神宮の工事を批判し、「朝鮮神社」は「永久に日鮮両民族の融和を計る根本の力を有していないばかりか、これからまた問題の的にもなる」と予言していた (131頁)。また、浅川巧と親交があった安倍能成が巧へ残した追悼文を第四章「Ⅱ浅川巧への惜別の辞」で紹介した。

第三章「もう一つの眺め」では、「非好感の眺め」を例示する。
「Ⅰ相手方の劣等性、蔑視の表現」では、1905年、朝鮮に旅をした荒川五郎 (衆議院議員、1865年生) は、朝鮮人の顔の形、歩き方、雨天に仕事をしないこと、痘痕から衛生思想のなさを書き残した。また、杉本正幸 (東京府農工銀行取締役) は、1915年、満州・朝鮮・支那視察ののち、(朝)「鮮人は惰弱、狡獪、破廉恥」だと表現した (149頁)。

前掲の難波は、初めて訪れた朝鮮の印象を、「ニンニクの匂い」、「激越で、哀調で、泣くような聲音の中に飛び上がるような高い調子の混じった」会話、「荒びきった窓外の山野」を見て、「人間世界から蹴落とされた気がした」と回想した (151頁、1943年)。

新渡戸稲造は、1906年11月、「車に乗りて全州の野を過ぐ」時に見た

景色を「枯死的現状」と題し、「塚上〔土饅頭型の墳墓を指すものであろう〕に踞りて、弁当を食い、児童は牛を墓に牧してその側に戯る、名も無き祖先の髑髏は、路上に棄てられて、人の蹴り転がすところとなる。」（『随想録』）と書き残した。類似の印象は他でも見られ、著者は解説でも、「ここに見てとれるのは朝鮮に対する死亡宣言の文」だとし、「なにかしらの好奇心や探究心を発揮してくれなかったのは残念」との思いを記した（155頁）。

　ところで、これを引用した11月ならば、草木は枯れて当然だろう。「墳墓は山野に、恰も撒き散らされたるの状」、「柩既に腐れて、死骸露出せるもの少なからず」と見えた荒れた墳墓は、訪問約10年前の東学農民戦争で「逆賊」として殺された多くの農民の墓地が放置された有様である可能性が高い[1]。

　著者は他にも、1920年代半ば、古朝鮮の歴史と芸術と音楽から朝鮮と朝鮮民族を尊敬すべきと感じていた穂積重遠（東京帝大・法学者）が、満州への途上で、「現在の朝鮮はまた如何にも非芸術的であり非音楽的である」（157頁）と論じたこと（1925年）、石原義治（労働問題専門家）が朝鮮農村下層の子どもたちに「延び延びとした明るさ」の欠如を感じ、「女子の教育程度」の著しい低さが「母親の教養の低さ」に要因があると指摘した部分を引用した（160-162頁）。また、釈尾東邦は、（朝）「鮮人を救うの道」は生産力の増殖、生活の向上、新教育（新知識、新技術）を授けること、悪習の除去が必要だと主張した（1930年）（165頁）。彼には、「内鮮人は接近融和しつつあるが、同化よりは民族感情の方が強く、融和よりは反目の方が力強い」（同前）という認識があったためである。

　「Ⅱ朝鮮人とはだれか」の節では、中立的な朝鮮人論として、村山智順（1891年生、総督府官房文書課・嘱託）の『朝鮮人の思想と性格』（1927年）から「朝鮮人の民間信仰」を取り上げる。

　村山は、朝鮮人の「長所美点」として「やや肯定性が強調されているきらいがある」としながらも、前記の著書から、「朝鮮では貧富貴賤の如何を問わず、墓を大切にする」ことや「血族中心の社会生活を継続し来った為に、孝を重んずる」こと（178頁）、「墓を大切にすると同時に、墓詣りをすること」（179頁）を紹介した。また、民間信仰として「シャーマ

ニズム系統を引いておる巫覡の信仰」が強く、「医療機関の普及少なき山間僻地などに於ては、信仰的な医療機関として、民衆の間に少からず信頼を得ておる」ことも紹介した（180頁）。

一方、朝鮮人の特徴として、「交番前の群衆」を例示し、次のように評する。「村山智順は京城府黄金町派出所を主要な事例に『群衆』の態様を記しているが、『人権蹂躙』のテーマが『揚言』されると、それが群衆を刺激し、『昂奮』『奮激』をもたらし、危険集団化してゆくと記している部分が注意を引く。『人権蹂躙』のテーマは衆知のように、戦後の韓国においては『民主化闘争』においても、反日キャンペーンにおいてもよく活用されるテーマであった。」（184頁）

この点について、「人権蹂躙」の内実を問わずに、言葉が一人歩きすることは問題だが、他者の「人権蹂躙」で行動できることは、他人事と考えるよりも健全と考えるがどうだろうか。

最終・第五章の「旅する科学者」では、挟間文一（京城医専）の『朝鮮の自然と生活』（1944年）を通して、学者・医者としての目を通した朝鮮各地の生活者の姿がよく描かれていた。挟間は発光生物の研究が専門だが、医療現場にも出た。1943年6月の「北鮮鉱山診療記」では、治療や栄養障害への指導、入浴とその方法、衛生知識の普及、日光浴の必要性等、病気治療のほか、まだ民間信仰が残る中での医的知識の普及にも努めていたことが紹介された。

本書の総括は、この第五章最後の節「Ⅲ 朝鮮に与えられ、また与えた人」であろうか。挟間は、長崎医大から京城医専に飛ばされ、1935年から終戦まで朝鮮にいたが、挟間の前掲著書に含まれたエッセイや、著者が挟間の遺族訪問をして発掘した本人の日記から、次のように読み取り、まとめている。

挟間は、旅先の台湾の道端でふと見つけた「幽かに光るもの」（蛍）に好奇心を持って調べ、その後「脱線して発光器の研究に深入り」（282頁）するようになったが、朝鮮北部への巡回診療をしながら、その地の状況・背景事情についても関心を持ち、書きとめていた。それらから、この人はどの地でも「その地でなにかしら新しい関心事を見出し、探究心を発

揮し、なにかしらの発見」ができる人物で、「朝鮮の地から与えられた人であると同時に、与えた人でもある」(282頁)と。

　以上、本書で取り上げられた、朝鮮で生活した「日本人」が'見えた'ものは、「日本人」という「異邦人性」のみならず、それぞれにとって比較可能な外遊経験や専門・関係分野における知識との間で相対的に位置付けられているように思われた。
　自らは気づきにくいものに対する外からの視点の有効性と、'見えた'ものを狭い経験のみで優劣をつけず相対化することの重要性について考えさせられた。

(筑摩選書、2023年、284頁、1,700円＋税)

註

1　井上勝生『明治日本の植民地支配〜北海道から朝鮮へ』岩波現代全書、2013年。農民戦争が再評価され、「東学農民革命」参与者の名誉回復は今世紀になってから。この東学軍殲滅に日本軍が大きく関与していた。

書評

劉建輝・石川肇編

『戦時下の大衆文化——統制・拡張・東アジア』

松岡昌和[*]

　日本における戦時下の文化は、戦争プロパガンダとしていかに機能していたか、また、それは中国などの占領地においてどのように展開されていたのか。本書は、こうした問いに対して、文学、歌謡、映画、まんが、広告、建築、スポーツ、観光、ファッションなどの観点から分析した成果である。文学者や映画人の戦争経験については、多くの資料が明らかになり、研究も進展してきている。そのような蓄積の上に、本書では大衆の動員という視点と東アジアという観点を取り入れて、幅広く論じている。特に、そのようなプロパガンダに関わった個人について、詳細な分析も行い、動員のメカニズムを明らかにしている。

　戦時下日本のプロパガンダを論じる際には、まずそれがどの程度「効果的」だったかを評価することが問題となる。評者はかつて別の図書の書評で以下のように記した（「大森淳郎・NHK放送文化研究所著『ラジオと戦争』」『週刊読書人』3507号）。

　　戦時下日本のプロパガンダについてはひとつの神話がある。それは、日本のプロパガンダ は成功していなかったというものだ。戦時期の言論は政府によって厳しく統制されており、人々は権力の前に萎縮して政府に従っていただけであり、上からの宣伝と人々の意識とは共鳴していなかった、といった語りなどである。しかし、近年の戦争動員に関するさまざまな研究は、そうしたイメージをくつがえしてきた。日本のプロパガンダが脆弱であったということもまた、

[*]大月短期大学

戦後につくりあげられたひとつのプロパガンダにすぎない。ケンブリッジ大学の日本史研究者バラク・クシュナーは、主著『思想戦』において、戦時下日本のプロパガンダがドイツなどに比べても強力であったと論じている。満洲事変以降15年にわたり、独裁者不在のなかで目立った国内反乱もなく戦争を継続できたことがその証左である。戦時下日本のプロパガンダは、前線と銃後を一体化させることを目的とし、人々の日常生活へと入り込んでいったのだ。

　ここで、本書の内容について簡単に紹介したい。本書は編者のひとり劉建輝による序につづき、各論となる10の章、そして終章からなっている。序では、戦時下の文化を「外地」との関連で考えるうえでの重要な論点が提示される。日中戦争下では各種メディアが隆盛を迎え、そして戦時下の文化は「外地」と密接に関わっていたのである。戦時期の表現は、広義の「国策」に沿うという条件付きではあるが、1940年に至るまで拡大し、積極的に行うことが奨励されていた。さらに、「外地」について表現させるために、軍は文化人たちを派遣していった。そこで表現されたのは、戦意高揚を目的とした軍国主義的な勇ましい主題ばかりではなかった。表現者たちは「外地」で発見した「風景」を積極的に描き出した。それは、著者が蒐集した軍事郵便絵葉書のなかで、もっとも多くの割合を占める画題が「風景と風俗」であったことからもうかがえる。
　第一章「新たなる『大衆文学』の誕生――戦争が打破した文学の秩序」（石川肇）では、近代日本文学における「純文学」と「大衆文学」という秩序が変容していくさまが描かれる。戦争と作家の「外地」経験が、後の「中間文学」への流れを拓いていくのである。第二章「兵隊歌謡――軍服を着た良民を歌う」（細川周平）は、生身の人間としての「兵隊」を歌った一連の歌謡を論じている。かれらは、親しみある存在として、聴き手の共感をよんだ。第三章「日本映画界・永田雅一の十五年戦争」（山口記弘）と第四章「上海における東宝の映画工作――『茶花女』をめぐる映画史の内幕」（秦剛）では戦時下の映画をめぐる宣伝が取り上げられる。上海では、軍の協力のもと、日本の指導により「支那映画」が制作され、宣伝の地ならしが行われていた。
　第五章「満蒙開拓青少年義勇軍とまんが表現の国策動員――田河水泡

と坂本牙城の事例から」（大塚英志）は、満洲に渡った2人のまんが家と
その作品に焦点を当てる。かれらは作品を残すだけでなく、まんが製作
の指導なども行い、国策を読者に伝える役割を果たした。第六章「『外
地』における日本製洋菓子の広告戦略——子ども像を手がかりに」（前川
志織）では、「内地」と「外地」における広告の差異が明らかになる。視
覚効果によって商品の意味をつくりだす広告は、総動員体制と消費文化
とのせめぎあいのなかで、各地で異なった展開を見せる。第七章「いわ
ゆる『帝冠様式』と中国現代建築史——旧満洲、新京の官衙を手がかり
に」（井上章一）では、長春に今でも残る西洋風の躯体と瓦屋根を組み合
わせた建築の意味が問われる。従来これは日本の「帝冠様式」との関連
が指摘されていたが、著者は史料からこれを中国風のデザインとしてい
る。第八章「戦時下の国民生活と体育・スポーツ」（鈴木楓太）は、人々
の生活のなかでの体育・スポーツの実践について考察する。「健全娯楽」
とされた運動会も、人々は実際には「見る」娯楽としてこれを楽しんだ
り、それとともに行われる「不健全」な慰労会を楽しんでいたのではな
いかと示唆する。

　第九章「戦争とツーリズム——戦前における日本旅行会の満洲旅行」
（高媛）では、満洲旅行の理念と実態が明らかになる。日本旅行社（後の日
本旅行）の満洲旅行は「時局にふさわしい国策的意味」を付与させていた
が、参加者たちは理念とは異なる現実も目の当たりにしていた。第十章
「『外地』の大衆文化——雑誌『女性満洲』に見られるファッション」（王
志松）は、関東州の大連で刊行されていた月刊雑誌のファッション関連
記事を分析する。戦時期の満洲では、国民服の制定が模索されたが、そ
れは現地の風土や文化の前にあってなかなか進まず、その間にも個性を
重視するファッションのアドバイスが行われたりもした。終章「植民地
大衆文化研究とは何か——映画『上海の月』とメディアミックス」（大塚
英志）は、全体のまとめというよりも独立した論考をなしている。上海
における映画によるプロパガンダは、そのプロパガンダ活動さえも素材
にするような「メディアミックス」が展開されていた。

　本書の諸論考から明らかになるのは、日本のプロパガンダの動員の力
や当局のしたたかさである。戦時下の大衆文化は、当局による一方的な

抑圧を受けて萎縮していたわけではなかった。それは、人々の想像力や欲望、大衆が渇望していた情報を散りばめることで、受け手の心に訴えかけていた。兵隊歌謡は人々の共感をよぶ兵士の心情を歌い、まんがは愉快な日常を描き、広告は人々を消費へと駆り立てていた。特に注目されるのが、第六章で見られる「外地」での商品広告である。日本製洋菓子の広告戦略は、「内地」と満洲では異なっている。単に日本の論理を押し付けるだけではなく、相手に応じた手法が用いられていることがわかる。宣伝の対象によってその戦略を使い分ける手法については、これまでもメディア史研究のなかで明らかにされてきた。たとえば、満洲においては多種多様な民族に対して効果的な宣伝のあり方が工夫されていた（王楽『満洲国における宣撫活動のメディア史：満鉄・関東軍による農村部多民族支配のための文化的工作』公益財団法人新聞通信調査会、2023年）。その背後では、プロパガンダを行うにあたって、日本側が西洋の宣伝理論を巧みに応用していたのである。戦時下日本の宣伝の「巧みさ」は、今後さらに注目されるべきトピックとなろう。

　さらに、戦時下で展開された「メディアミックス」に着目しているという点も注目に値しよう。「メディアミックス」とはマーケティングのために異なる多メディアを組み合わせて動員することであり、一般的には戦後の大衆文化を説明する際に用いられる語である。本書の執筆者でもある大塚英志は、この語を戦時下日本のプロパガンダの多メディア展開を説明するうえで積極的に使用している。大塚は、別の著作において、「単純な多メディアへの移植」はメディアミックスとは呼ばず、「仕掛ける側、管理する側の存在と何らかの意図が存在」することを条件としている（『大政翼賛会のメディアミックス』平凡社、2018年、7頁）。本書について言えば、第四章と終章で秦と大塚自身が論じた映画のほか、第九章で高が論じたツーリズムにも言えることだろう。新聞といったメディアとタイアップし、メディアイベントとして展開した満洲旅行は、まさにメディアミックスの一例と言えよう。第二章で言及されている小説から歌へのメディア展開もまた同様である。文学・歌謡・まんが・広告・映画など、多メディア展開した戦時下のプロパガンダは、メディアミックスの形態をとることで、その動員力を発揮した。

　以上のように、本書は、戦時下のプロパガンダの様相、特に大衆文化

による人々の動員や「外地」と「内地」との相互作用について特に焦点を当てたという点で意義深いものと言えよう。こうした研究は、これまで断片的に扱われてきたにとどまり、幅広い観点からの共同研究という形では十分に検討されてきたとは言えない。それゆえ、今後さらなる広がりを見せるものとなろう。こうした研究の今後の展望について、以下、評者自身の関心という点から共有しておきたい。

　第1に、本書では著者たちの関心の方向性からか、「外地」として主に満洲や上海といった中国大陸の一部が中心的に論じられている。これをさらに拡大させて植民地台湾・朝鮮、華北占領地、南洋群島、樺太、南方占領地などについて同様の研究を行っていくことにより、戦時下日本のプロパガンダの全貌、さらに日本の帝国支配が「内地」「外地」双方に及ぼした文化的な影響について総体的な理解をすることができるだろう。戦時下の大衆文化への関心は日本のみならず、アジア各国、そしてヨーロッパ・アメリカ・オーストラリアなどでも広がっている。トランスナショナルな研究ネットワークによって、地理的にも広がりをもつ総合的な研究を進めていくことが強く期待されよう。

　第2に、戦時と戦後の連続性の検討である。近年、1945年を断絶とみなす歴史観の見直しが進んでいる。日本近代史研究者アンドリュー・ゴードンの言う「貫戦史」(transwar history)ないし「貫戦期」(transwar period)という時代設定は、単に日本社会のあり様を説明するうえで有効なだけでなく、日本とアジアとの関係や文化の様相を理解するうえでも有効であると言える。「外地」と「内地」との相互作用という点に焦点を当てた際、日本による「外地」の支配が終焉を迎える1945年は大きな断絶とされやすい。大衆文化が人々にもたらす想像力という点に着目すれば、政治的・軍事的な断絶は絶対的なものではない。評者もかつて論じたように(MATSUOKA Masakazu, 'Japan's memory of war and imperialism in kayō eiga: Shochiku's *Under the Stars of Singapore* and Asianism', *East Asian Journal of Popular Culture*, 9 (1), 2023)、1960年代に至るまで戦前・戦時から続くアジア主義的な東南アジアイメージが大衆的な想像力のなかに現れていた。大衆文化やそこに見られる想像力は、戦時と戦後の連続性を見ていくうえでの格好の素材となるだろう。

第3に、ジェンダー史や感情史といった領域との協働である。帝国における支配関係、特にその表象が高度にジェンダー化されたものであることについては、ポストコロニアル批評をはじめ、現在の植民地／帝国研究において広く共有されている。それは、日本の帝国支配についても当てはまるものである。「外地」にかかわる大衆文化がもたらす想像力について考えていく上で、ジェンダー化された表象の検討は避けて通れないだろう。この点にも一部関連するが、近年感情史の研究が注目を集めている。本書に関連する成果として、本書の分担執筆者高媛も寄稿している山口みどり・中野嘉子編『憧れの感情史』（作品社、2023年）がある。同書では近代アジアの女性の表象や経験に焦点を当てて、「憧れ」という感情から歴史的な考察を行っている。本書でも、広告を扱った第六章において、「憧れ」がどのような役割を果たしたかへの考察がある。戦時下における総動員体制のなかで、「内地」そして「外地」の人々の感情はどのように動員されたのか、また、そこにおいてジェンダーはどのように表象されたのか、さらなる探究が可能であろう。

　本書は、戦時下の大衆文化について、その動員力に着目し、「外地」との関係で論じた諸論考からなるものである。本書は他のタイトルとともに国際日本文化研究センターによる大衆文化に関するプロジェクトの成果として出版されている。国内外の研究者を文字通り「動員」してプロジェクトを運営した国際日本文化研究センターの役割の大きさとそれがもつリソースには驚くばかりであり、それらの読者として恩恵を受けている身としては感謝の意を表したい。一方で、戦時下の大衆文化の研究には、上述のようにさらなる広がりの可能性がある。そこには教育史が積極的に関与すべきトピックも多くあるだろう。評者もまたその一翼を担いたいと考えている。

（KADOKAWA、2022年、384頁、2500円＋税）

Ⅴ．図書紹介

図書紹介

姫岡とし子著
『ジェンダー史 10 講』

大石　茜*

　本書は岩波新書の「歴史10講」シリーズの新刊である。著者はドイツ・ジェンダー史を専門としており、ドイツを中心とするヨーロッパの女性史・ジェンダー史及び、日本での動向を解説する入門書である。

　女性史・ジェンダー史は、フェミニズムの運動史と連動し、相互に影響を与えながら展開してきたため、学説史や研究動向・研究成果のみでは描けない点に特徴がある。そのため本書では、歴史研究の動向や研究成果を紹介することにとどまらず、その時代のジェンダーと関わる歴史的背景やフェミニズム運動との関わりを丹念に紹介しようと試みられている。ジェンダー史という領域がもつラディカルさを伝えようとする筆者の姿勢がよく現れている。研究の動向は、社会から独立して存在するわけではなくて、時代の要求とも連動していることを改めて意識させられる良書である。筆者は、まさにジェンダー史という領域が、歴史研究のなかで重要性を認められていった時代を「同時代人として」(vi頁)経験してきた研究者であり、本書で紹介されている研究の時代感覚や、その真っ只中で研究してきた醍醐味が伝わってきた。

　本書の構成は、次のとおりである。通史として10講が並べられているわけではなく、近接領域との関わりを重視し、特に後半はテーマごとに講が分かれている。それぞれが、今日的な社会問題の前史であり、関心のあるテーマから読み進めることが可能な点は、読者にとって読みやすい書籍とも言えるだろう。

---

*松山大学

第1講　女性史研究の始動─世界と日本
　　　1 先駆的な女性史研究
　　　2 戦後の日本女性史研究
　　　3 女性史研究の拠点としての地域女性史
第2講　第二波フェミニズムと新しい女性史
　　　1「新しい女性史」の誕生
　　　2「新しい女性史」は何をもたらしたか
　　　3「新しい女性史」の日本での受容
第3講　ジェンダー史
　　　1 ジェンダー史の登場
　　　2 ジェンダー史と構築主義歴史学
第4講　歴史叙述とジェンダー
　　　1 歴史教育とジェンダー
　　　2 ジェンダー視点は歴史叙述を変えたか
第5講　家族を歴史化する
　　　1 家族に関する神話の崩壊と家族の歴史化
　　　2 伝統社会における家
　　　3 近代家族論の精緻化
　　　4 近代家族の普遍化と揺らぎ
　　　5 日本での家族史研究と女性・ジェンダーの視点
第6講　近代社会の編成基盤としてのジェンダー
　　　1 身分制
　　　2 近代的ジェンダー観の形成とその制度化
　　　3 国民（ネイション）・ナショナリズムとジェンダー
第7講　身体
　　　1 身体は不変か？
　　　2 性・生殖の歴史研究
　　　3　L（レズビアン）G（ゲイ）B（バイセクシャル）
　　　　T（トランスジェンダー）
第8講　福祉
　　　1 福祉研究へのジェンダー視点の導入

　　　　2　福祉活動の出発点としての戦時福祉
　　　　3　福祉活動と女性の社会進出
　　第9講　　労働
　　　　1　働き続けてきた女たち
　　　　2　労働概念の転換と女性就業
　　　　3　労働と労働者のジェンダー化
　　　　4　女性労働者保護法とジェンダー・家族
　　第10講　植民地・戦争・レイシズム
　　　　1　植民地とジェンダー
　　　　2　戦争がもたらしたもの
　　　　3　戦争・占領と性暴力

　筆者はドイツの近代史及びジェンダー史の専門家であり、ドイツを中心とするヨーロッパの記述が多いことを、筆者自身は本書の限界と捉えているが（v-vi頁）、むしろ日本のフェミニズム運動史や女性史、ジェンダー史の展開を理解する上では、有益であると思われる。日本のフェミニズム運動や女性史の動向は、必ずしも西洋の動向と一致していない。だからこそ、入門書としての本書を手掛かりに、日本のフェミニズムやジェンダー史、女性史を比較検討することで、理解が深まるであろう。

　例えば私自身は、研究者としてというよりも一読者として、第7講における18世紀ドイツの出産をめぐる動向を非常に興味深く拝読した。出産及び子育てを通して、妊娠・出産・育児をめぐる日本の現状に対して疑問に思うことが多々あり、どのような問題として考えるべきか糸口を探していた。本書によれば、20世紀初頭頃までのドイツにおいて、産婆を選ぶ権利は女性にとって非常に重要な公的な権利であり、権力をもつ男性による産婆任命への対抗が、女性にとって大きな意味をもっていた（128-132頁）。現在、日本を含む世界各地で急速に女性たちの支持を得つつあるのが無痛分娩であるが、これは男性的な医学を背景とする医療介入を前提とした出産である。この1世紀の間に、医療の出産への積極的な介入を求めるようになった女性たちの状況を、ジェンダー史の蓄積からどのように解釈し得るか、考えさせられた。ジェンダーに関わる歴史研究者でなくとも、現代社会への疑問や問題意識からこの本を手に取り、

社会の問題を歴史の問題として捉える視点に出会うことが可能となるだろう。

『植民地教育史研究年報』に掲載する図書紹介として、植民地研究とジェンダー史の接続についても触れておこう。本書は第10講に植民地研究とジェンダー史の関わりが紹介されている。女性を歴史の主体として捉え直した際に、植民地責任を免責される女性像から、積極的に帝国主義に加担していった女性の加害性へと歴史認識が変化してきた。また、戦争とは切り離せない史実として、女性への性的搾取の問題もある。これらはさらに、人種等の問題とも重なり合い、インターセクショナリティの問題として今日においても議論され続けている。

私が本書を通読して再認識できた重要な視角として、第6講で紹介されている「近代社会の編成基盤としてのジェンダー」と植民地の関係性が挙げられる。第10講の冒頭で筆者は、ジェンダー史の視角から検討された植民地研究において、「植民地化のプロセスのなかで白人としての西洋アイデンティティがいかに構築されたのか、その過程でジェンダー、人種・民族、階級がいかに交差しながら作用したのか、という点」が着目されたと指摘している (201-202頁)。このことは、第6講で取り上げた近代社会の構成要素としてのジェンダーという視角から、植民地という研究対象を分析することを意味していると言えるだろう。近年、帝国日本の研究において、「植民地近代」(colonial modernity) という視点が着目されてきた。植民地近代化論／植民地収奪論という二項対立的な歴史観の克服を目指し、宗主国は植民地なしには近代化し得なかったことや、植民地となった国や地域が宗主国から搾取されうるような近代的な植民地へと再編されていたこと、また帝国主義への抵抗の主体として植民地の人々が主体化されていったこと等を踏まえ、近代とはすべからく植民地近代である、という指摘である[1]。第6講では、身分制社会から近代社会へと移行する際に、新たに社会を構造化する原理として、ジェンダーが大きな意味をもったことを指摘している。すでに知られているように、ジェンダーのみならず、人種や階級もまた、近代社会において重要視された構造化の原理の一つである。帝国主義や総力戦を考える際に、戦争責任や性暴力といった問題が重要であることは言うまでもないが、植民地も含めた帝国や近代社会が、ジェンダーを通してどのように再編され

たのか、という問いもまた、今なお検討されるべき重要な課題である。植民地研究は、ジェンダー史の成果を踏まえ、近代とはどのような社会であるのかという問いに向き合う研究であることを再認識させられた。本書を入り口として、歴史を語る主体とされてこなかった人々の歴史を見出し、ジェンダー史から社会を問う意義が再認識されることを期待したい。

（岩波書店、2024年、225頁＋8頁（参考文献）、960円＋税）

註

1 Shin Gi-Wook & Robinson, Michel, Colonial Modernity in Korea, Cambridge, USA: Harvard University Asia Center, 1999. Tani E. Barlow, Formations of Colonial Modernity in East Asia, Durham: Duke University Press, 1997. 尹海東『植民地がつくった近代―植民地朝鮮と帝国日本のもつれを考える―』三元社、2017 年、など。

VI. 資料紹介

2024 年中国大陸における資料調査記
——広西チワン族自治区南寧市を例に——

光多隆之介[*]

1　はじめに

　広西チワン族自治区についての研究は、この地域にチワン族が多いという特色から少数民族について民族学、文化人類学の見地からの研究が多くなされている。その一方で、歴史学の研究は他の省に比べると少ないのではないかという漠然とした印象を抱いている。2019年から中国を発端として世界中を席巻した新型コロナウイルスによって、なかなか中国の档案館や図書館などの資料館にアクセスすることができない時期が続いた。故に、アフターコロナ禍の档案館事情は記録する必要があると考え、執筆に至った次第である[1]。

　南寧にある档案館に行った中国近現代史研究者は多くない。管見の限り、菊池一隆氏が調査記録を残しているのみである。しかも、これは30年以上前のものである[2]。私が南寧に赴いた経緯などは本号「旅の記録」に記したが、中国で档案館に行くという経験がなく、以前から行ってみたいと思っていた。今回本号を執筆させていただく機会を得たので、ここでは中国の図書館事情や史料の所蔵状況などを中心に記したいと思う。

　まず、周りの研究者から広西チワン族自治区はベトナムとの国境に近く、档案を見せてくれるとは思わないほうがいいと言われた。そもそも、2週間（しかも、いろいろなことをしなければならない）という短いスケジュールの中でゆっくりと档案を漁るという行為ができるのかは極めて怪しかった。したがって、大学図書館での資料調査を軸に検討した。最初はシリーズものの『抗日戦争専題研究』[3]を閲覧しようと考えていたが、

[*]神奈川大学大学院外国語学研究科中国言語文化専攻博士後期課程

広西大学は歴史学科がないということもあり、所蔵されていないとのことだった。そこで、行き当たりばったりの資料調査となったが、直接档案館や図書館を訪ねることにした。

2　広西チワン族自治区档案館

　前に聞いていた档案館の利用方法は予約をし、席を取らなければ入ることができないというものであったが、広西チワン族自治区档案館に関しては違っていた。そもそも、誰もいないのである。警備員がいるだけであり、手荷物検査はされたものの、職員の姿が見えない、当然利用者もいない。恐る恐る聞いてみると、職員が出てきたので通訳を挟んで聞いてみたところ、1970年代以降の史料については公開しているものの、それ以前の史料、例えば、筆者の専門領域である日中戦争期の史料などについては公開しておらず、その対応は外国人であろうが、中国人であろうが変わらないということである。ただ、パンフレットには「外国人は自治区政府の許可を有する」と書いてあったため、念のため、もう一度聞いてみると、コロナ前の対応であるということである【写真1】。

　予想の範疇であったが、外国人のみならず、中国人であっても自由に档案を見ることができないという現状が理解できた。がっかりしたが、档案館の別の機能もうかがい知ることができた。それは、近現代史の博物館としての機能である。残念ながら「紅色広西」から「一帯一路」まで、全てのコーナーを参観することはできなかった。予定があった

写真1　広西チワン族自治区档案館

ので、早めに退館したのである。展示の方法は「紅色広西」のコーナーに限って言うのならば、照明がそもそもついていないので、明かりをつけて展示資料を見せるタイプというよりは、蝋人形や復刻された資料などを用いて、概況などを解説するという形をとっていた【写真2】。

写真2　紅色広西の状況

3　南寧市档案館

　南寧市档案館は広西チワン族自治区档案館よりも豪華な印象を受けた【写真3】。ただし、豪華であるのは建物だけであり、広西チワン族自治区档案館と同様の対応を受けた。つまり、70年代以前の資料は一律非公開ということであった。南寧市档案館には広西チワン族自治区档案館とは異なり、博物館的な要素はなかったものの、地方志を編纂する「方志館」という建物が存在していた。そこで、地方志編纂についても通訳を挟んで聞いてみた。地方志にあたって参照した史料は南寧市档案館に所蔵されているが、すべて地方志という形で公開されているため、改めて原本を公開するようなことはしないというものであった。方志館には抜粋して地方志も置かれていたが、相当な巻数があるとのことである。とにかく、公開

写真3　南寧市档案館

できるものについては、編纂したものを公開するというスタイルであるようである【写真4】。

写真4　方志館

4　広西チワン族自治区図書館

　図書館については、古籍などがみることができるかと思ったが、そのようなものは表立って開架されているものではなく、1980年代以降のものと思われる資料が開架されていた。したがって、古い資料はすべて奥のほうに引っ込んでいるという状況である。もし、古い資料が見たいということならば、係員に頼んで請求してもらうという形である。ただ、ここで問題になるのが古い資料をどのように探すかという点である。この点については、日本ならば館内に端末のようなものがあり、それによって検索するという形態が一般的である。しかし、広西チワン族自治区図書館では、所蔵図書を探すような端末は存在せず、各々が手持ちのスマホによって検索するという形態であった。

　館内は混み合っていたものの、閉架図書を請求する人はおらず、係員が暇そうにしていたのが印象的であった。私自身、うまく請求することができなかったということもあり、案内を依頼した院生に、ためしに政治色の薄そうな雑誌ということで思いついた『良友』[4]を請求してもらった。ただ、出納に時間がかかりそうだったため、途中で下げた。

　また、図書館の展示スペースには中国とアセアン諸国との関係性がどのようなものであったかなどが書かれた展示スペースがあった。そこにも新しいパンフレットなどはあったものの、古い資料は置かれておらず、「見せる」図書館としての機能が強かった。その中に一見すると古そうな書籍があったが、実は古典籍の写真パネルだったことにも驚いた。

158　Ⅵ．資料紹介

5　広西大学図書館

　他のところは「見学」の要素が強かったため、ここだけがまともに資料調査ができたところである。広西大学図書館は学生証をかざして入館するという日本の大学図書館とさほど変わりないところである。中には、学校の歴史を記した校史館もある。チワン族自治区図書館には存在していなかった図書検索端末もあった。しかし、誰も使っておらず、パソコンの電源が入らない、パソコンの電源が入ったとしても検索できない、パソコンの内部時計がおかしくなっていた。よく見ると、パソコンの画面に表示される日付が2013年になっているという有様であった。図書端末としてのパソコンを使って調査するというよりは、自分自身のスマホで調査するという具合である。

　日本語学科の院生によると、図書館には、日本語資料がほとんどなく、学部生向けの日本語の教科書が数点あるのみである。そのため、図書館はほとんど使わないということである。日本語学科の先生によると、日本語の書籍が少ないことにより、学生が資料にアクセスできないことが課題であるということである。

　広西大学には歴史学科がないため、文献も目当てのものがなかったり、少なかったりすることが予想された。事実、期待していたような「中国ならでは」の希少本は皆無であった。それでも何冊か印刷したいと思う本が見つかったため、印刷を行おうとしたが、コピーは図書館内には存在せず、借り出してコピーするようにというアドバイスを受けた。ただ、この時点では「コピーをする」という行為に院生と私との間で見解の相違があることには気が付かなかった。

6　コピー事情

　中国の大学には学内にコピー屋さんが存在する。この事実は中国に行く前に把握していたが、日本の大学と同様にコピー機を貸してくれる店かと考えていた。日本ではコピー機を使用するという行為はセルフサービスである。コピー屋さんの店主から提示された金額はA4が2角（約5円）、

A3が5角（約10円）であった。中国の物価を鑑みと、思ったよりも高いと思いつつ、コピーをしていた。鼻歌交じりで何か話しかける店主が何を言っているのか「全く」わからなかったというのが誤算であり、残念であった。

翌日、20冊程度借りた私は何気なく、「帰国前にすべてコピーできるかわからないけど、頑張ってみるよ」と院生に話した。院生から「自分でコピーしているのですか？」って聞かれたので、「そうですよ」と答えたところ、院生からコピー屋さんに頼めば、コピー屋さんがコピーをしてくれると教えてくれた。今回の中国訪問で一番唖然とした出来事であった。慌てて依頼すると、店主が「彼にはそう言っているんだけど、通じないんだよね」と言っていたとのことであった。20冊、慌てて依頼した。中国では、コピーは自分でするものではなく、人にしてもらうものであるということを知った。

帰国の日にちを伝え、コピーを依頼したら、「間に合う」という返事が返ってきたので、安心してコピーを依頼した。4日後にコピーを引き取り、出来上がった資料を引き取ると1000元（約2万円）であった。院生に手伝ってもらって、部屋まで運んでもらった。コピー屋の「太客」となった私は、店主にミネラルウォーターをごちそうしてもらった。コピーされたものも、ただコピーするのではなく、丁寧に製本もされていた。なお、縮小コピー、拡大コピーはできないので、A3で製本された本が20冊あったため、帰国する際に郵便局から送るときに苦労した。

7　広西民族大学図書館

広西大学には歴史学科がないという情報を中国訪問前につかんでいた私は、できるだけいろいろな人に会いたいと考え、広西民族大学の歴史学科の人とコンタクトを取った。偶然にも、お茶の水女子大で博士号をとり、満洲国のジェンダーを研究していた譚娟氏がいらっしゃるとのことだったので、コンタクトを取って、南寧の研究室を訪問する約束をした。

その話を広西大学の院生にしたところ、院生自身が広西民族大学の非常勤講師と聞き、「民族大学のほうが本はあるので、案内しましょう

か？」と言ってくれた。そのため、案内を依頼した。図書館に入ってみると、広西民族大学の図書館には広西大学には存在していない「歴史」というコーナーがあった。だが、広西大学にも共通して言えることであるが、80年代以前の書籍については影も形もない印象を抱いた。並んでいるのは新しい書籍であり、その点は少し残念であった。そもそも、抗戦平台[5]などのデータベースが進歩していることによって、「公開できる」資料については電子版があるため、非公開になっている史料にはそれなりの事情があるのではないかということであった。それでも「名誉教授からの寄贈」ということで、『二十四史』[6]だけは並んでいた。

8　おわりに

　中国でのデジタルでの資料公開が進んでいる中で、政権によって意図的になされているか意図的ではないかを別にせよ、「見せたい資料」と「見せたくない資料」というのは為政者にとっては当然あるものであり、取捨選択がなされているのではないかと考えられる。したがって、中国国内の研究者からすると、図書館に行くという習慣が無くなりつつあるのかもしれない。日本でも社会問題になっているが、図書館は本を読むところなのか落ち着いて勉強することができる場所を提供するところなのか。中国では、後者になっているのではないかという印象を抱いた。

　その一方で、大都市部の档案館は依然として多くの人が資料調査を行っている。アフターコロナ禍の資料調査について、特に上海市档案館は場所が移転したと聞いた。それに伴い、利便性が向上したか否かなどについても気になるところである。

註

1 2024年9月現在、アフターコロナ禍での中華圏での資料調査について記した論文として、管見の限り挙げられるのは、福田円「台湾現代史史料をめぐる動向—歴史と現実政治との対話」『交流』2022年6月号である。これは台湾での資料調査の現況について記したものである。

2 菊池一隆「中国における史料公開状況」『近きにありて』第19号、1991年5月。なお、菊池論文は、小林隆夫ら編『菊池一隆教授退職記念論集　東アジア近現代世界の諸相』(集広舎、2022年)に再録されている。

3 江蘇人民出版社が2021年から出している日中戦争関係を題材に出しているシリーズものの刊行物。

4 『良友』については、孫安石ら編『上海モダン『良友』画報の世界』(勉誠出版、2018年)が詳しい。

5 2018 年にリリースされたデータベース。日中戦争史や日中関係史のみならず，様々な分野で応用可能な文献データベースである。開始時期については，淺井良亮「中国におけるデジタル化の取組」『アジ歴ニューズレター』第31号，2020 年。https://www.jacar.go.jp/newsletter/newsletter_031j/newsletter_data_031j.html（最終アクセス年月日 2023 年7 月13 日）参照のこと。

6 清代に制定された『史記』から『明史』までの紀伝体の歴史書。広西民族大学にあるのは、中華書局から出た版。

資料紹介

戦時期南方諸地域における日本語教育の一断面
―― 『大阪毎日新聞』（1942 年 8 月）の記事から―― （1）

田中　寛[*]

はじめに

　戦時期の南方諸地域の日本語教育普及の実態については、少しずつ明らかになっているが、広範な諸地域のそれぞれの特色を把握することは、資料の調査分析の面でも、なお多くの課題があるように思われる。

　本稿では当時、大東亜共栄圏下の南方諸地域において行われた日本語教育の実態を示す資料を文字化して、今後の研究に供したいと思う。紹介する資料は『大阪毎日新聞』の昭和17（1942）年8月に計4回掲載された「南の日本語教育」である。対象地域は次のようであった。

　　第一回　比島（フィリッピン）（一）座談会 1942.8.17掲載
　　第二回　比島（フィリッピン）（二）座談会 1942.8.19掲載
　　第三回　泰国　　　　　　　　　　 1942.8.20掲載
　　第四回　ビルマ、仏印　　　　　　 1942.8.21掲載

　連載の大きな契機となったのが昭和17（1942）年8月18日に文部省内に日本語普及協議会が設けられ、「南方日本語教育」の施策が閣議決定されたことがあげられる[1]。同新聞にもその概要が一面に報じられ、第二面には「日本語まず店先から　南へ早速五百人の先生派遣」という記事が掲載された。同年8月19日には社説など関連記事が掲載されている[2]。「南の

――――――――――――――――――
＊大東文化大学名誉教授

日本語教育」は、朝日新聞が南方諸地域の日本語教育の現況として同年12月になって掲載したのと較べていち早く報じている点でも注目される[3]。

　軍政下のフィリピン、ビルマ、仏印のほかに唯一同盟国であるタイの日本語教育についての紹介があるのも興味深い。昭南（現シンガポール）、マレーシア、蘭印（現インドネシア）についての報告はない。一方で、フィリピンの日本語教育に2回当てられているのも、当時の占領政策の中で重要視されていたことがうかがわれる。

　以下、転載にあたっては現代語表記に変えた。また判読不可能な箇所は黒丸で示した。一部、原文に不自然な表記がある場合は（ママ）とした。毎回掲載された写真とキャプションについては、解説とともに次号に掲載する。

南の日本語教育（一）　比島（上）　座談会

　南方各地における日本語熱は素晴らしい。簡単な日常語はよく耳にする。然し日本語を通じて東亜建設の真意を理解させ、深遠な東洋文化の精粋たる日本文化を摂取させて、東洋民族たる自覚を喚起させるためには日本語の徹底的教育が必要であり、克服すべき幾多の困難がある。マニラ本社支局では実際に日本語を教授する側と修得する側の代表者に参集を求め、如何にすれば正確かつ迅速に日本語を教育し得るかを検討し、日本語教育の貴重な指針とした。

　＝出席者＝　石坂洋次郎氏（司会者・軍報道部）／内山良男氏（軍政府・内務班）／三木清氏（軍報道部）／千葉勇氏（軍政部宗教部主事）／並木芳雄氏（軍政部交通局）／村上富次氏（軍報道部）／中島正義氏（日本語学校校長）／アギラ氏（滞日十八年機械技師）／ベニデス氏（行政長官府勤務）／デリオン氏（マニラ市水道局技師長）

　【本社側】福本支局長、牧野、上妻支局員

物本位、まず耳から　もっと来て下さい、日本語の先生

福本　マニラでは入城以来、日本語熱がますます盛んとなって、昨今では方々で日本語講習会が開かれ、軍政部当局でも熱心に日本語指導に当

たっておられます。われわれは今後とも正しい日本語を間違いなく彼らに教えてゆかねばならぬと思いますが、本日は教える方々と教えられる方々とをお招きして日本語教育の実際を検討してみたいと思い、この座談会を開きました。石坂さんに司会をして頂きます……

石坂　東亜民族の真の協力を得るためにはどうしても通用語が必要であり、これは日本語をもってしなければならぬ。ところが日本語をこの民族に修得させることは非常な努力を要する。まず当局としての立場から内山氏からお願いします。

内山　フィリッピンでは支那で使用された『ハナシコトバ』を軍政部として使用することにした。即ち日本語を聞いたり話したりすることが第一要件で、書いたり読んだりすることは二の次にした。日本語はどうしても日本人によって教えなければ正確な発音は難しい。このためには多数の日本語の先生を内地から呼ばねばならぬ。小学校には内地から僅かではあるが教員が来るはずで、一方比島の小学校の教員を集めて来月（八月）から日本語を教授し、初歩教授に当たらせるはずである。中等学校以上は現在計画中である。

石坂　比島で話される言葉は英語、スペイン語をはじめ、各地の言葉を入れると八十幾つという多数に上るので、日本語の問題以外にも、比島の国語統一が必要だと思う。

内山　比島では小学校で第二外国語としてスペイン語を課していたが、今後はこれを廃止した。

三木　比島の言葉の統一は比島自身の問題で、比島文化の発展と国家の統一がなければ本当にできない。タガログ語を国語に決めたことは形式的に決めたまでで、果たして国民的に普及したかは疑問である。日本語の問題として重要なのは、日本語を教える態度の問題だと思う。スペイン時代にはスペイン人は土語を理解して行った。ところが米国時代にはアメリカ人は英語ばかりで行った。ヨーロッパやアメリカにあるベルリッツ外国語学校では、最初からその言葉で終始して教えて非常に能率を上げている。日本も日本語をもって教えるという主義、これが一番重要ではないかと思う。

並木　長期に亙って日本語を教授する場合はそれでよいが、今の場合のように、急速にしかも年齢のいった者に、いきなり子供に教えるように

音から注ぎ込むことは困難だ。文法や語彙から行った方がいいと思われる。日本語教育には大人と子供とを区別する必要があると思う。

三木 ご尤もな説だが、それでも実際に物について音から教える方がよくはないか。日本人は本に頼りすぎる。今後は教育全般もそうだが、諸学も本より離れて物に即して行った方が遥かに進歩をみると思う。

中島 根本方針としては三木氏の通りであるが、実際に教えてみると並木氏のいうようになってくる。特に抽象名詞を教える場合、たとえば"愛"というのを教えるのに、急速に教授する場合は、彼らの知っている言葉を仲介とするのもやむを得ない。

三木 米国人が比島に英語を普及したのは他の外語を知らなかったのが却って今日のように普及できた原因ではないかと思われる。

並木 腰を入れてやるときはよいが、三ヶ月でしかも一週間三回、一回二時間程度の現状ではどうしても英語を入れる必要がある。

中島 英語を使って教えれば進歩が速いが、すぐ進歩が止まる。どうしても音感教育が根本でなくてはならぬ。

三木 比島人は音声がわかり、耳の訓練が出来ているから音から入っていく方がよい。

千葉 ローマ字を使うかどうかの問題であるが、ローマ字で日本語を発音できぬ場合が多いし、しかもローマ字そのものが横に書かれているから、自分はローマ字を使わない方針で全部片仮名、平仮名、漢字で行くことにしている。

アギラル なるべく簡単なのから教えれば比島人は日本語を覚える。そしてローマ字は使わない方がよい。たとえばコップという言葉でもローマ字で書くより仮名でツを小さく書けばよく発音できる。またぜと書けばゼと発音するが、ＺＥと書けばセとなる。スペイン語でＺはセと発音するからです。それからぜひ日本人の先生に習いたい。それでないと発音はうまくいかない。比島人の英語の発音のよくないのを見てもわかる。

166　Ⅵ．資料紹介

南の日本語教育（二）　比島（下）　座談会（続）

雑誌が「サシ」、になる　難しいテニヲハ、ツの発音

石坂　日本語を教える側と習う側とで具体的に何が困難かを聞きたい。

中島　自分は戦前から日本語教授をやっているが、戦前は必要というより趣味から習うといった風で第一に気分が違う。戦後はみな必要に迫られているから熱心で成績が非常によい。四ヶ月で初等科を終わるが、ほとんど全部のセンテンスの種類を教えてしまう。その間に片仮名や平仮名を教える。発音ではザ行の発音と促音のッが困難だが、日本語にはなかなかこれが多い。たとえば雑誌がザシ、サシとなる。それから困るのはたとえば、私、僕、俺、余など一つのことが種々表現されることだ。しかも丁寧な言葉とそうでない言葉が実際に必要だから教えづらい。

並木　比島役人に教えているが、たとえば「踊れ」と「踊ってください」とどう違うか、文法的に解決しないと気が済まない。それから電話の「モシモシ」を「ハロー」と同じだと教えると、「モシモシお早う」という。

中島　それから「行こう」とか「しよう」とか伸びる場合も彼らには難しい。たとえばソシキ（「組織」）とソーシキ（「葬式」）では意味が違う。ケシキ（「景色」）とケーシキ（「形式」）でも全く意味が違う。これも随分困るらしい。複文もなかなか難しいようです。簡単な複文、たとえば「きのう町で買ってきた鉛筆」ぐらいのものでも難しい。

福本　日本語を教えるのにまず片仮名で行くか平仮名で行くかが大分議論があるようだが。

内山　軍政部ではまず片仮名を教えている。

中島　わたしはまず片仮名から教え、次に平仮名を教えているが、同じようによく覚える。横文字に慣れている彼らは、丸みのある平仮名を決して難しがらない。はじめから平仮名を教えてはどうかという議論があるが、自分は少しも実施困難ではないと思う。

石坂　習う側としてはどんな点が難しいか。

デリオン　チュとツの発音が難しい。殊にツの発音がうまくできない。それからＵとＩがしばしば聞こえない。サイレントだと思っている。デア

リマスといった場合のスである。ローマ字で書くとＳＵと書くが、発音上はＳに聞こえる。だからやはり片仮名で教えてもらった方がはっきりする。

ベニデス　第一にテニヲハが難しいと思う。これは自分が教わったところを家で兄妹に教えているうちに段々上手になってきた。それから一般に日本語は非常に難しいとされている。

アギラル　日本に行って三か月ぐらいで相当出来るようになった。それから漢字は字の形で判読できるようになった。それに漢字は面白いです。たとえば木は人の形をしている。その木が三つ集って森になり、とても面白い。……それから日本人は言葉ですぐその人の教養から地位がわかる。特に上官と下官のものはすぐわかる。

石坂　軍報道班で編纂した日本語の教科書について、編纂者の村上氏から。

村上　日本語の教科書は一月の終り頃までに、まるで雨後の筍のように一円から一円五十銭くらいで随分沢山出た。中にはハズバンドとして夫、主人から宅があり（ママ）、グッドバイとしてアバヨと書いてあった。二月の始めに検閲制が実施され、それらを押収し、これに代わるものを作ることにし、こちらからいうのがわからなくても比島人が意思を発表できるように方針を定めて、日本語教科書を作った。この本は五十音や日本語の発達の歴史、文法、それから単語二百語を集め、最後に簡単な字引も加えている。近く完成するが、従来のものは会話はその場合しか使えないが、今度は単語を応用できるように仕組まれている。

石坂　われわれは日本語に十分な自信をもって行かねばならぬ。日本人はちょっとしたところに英語を使ったりするが、これはいけない。お互いもそうだが、比島人には正しい日本語を使いたい。現地の日本人は広い意味でみな日本語の先生である。一人一人が正しい日本語の先生であるという自覚をもつことが、正しい日本語を教え、また今後の文化工作の基礎となるものと考えられる。

　　［附記］第三、四回の資料、解説・写真は次号に掲載の予定。

註

1 朝日新聞では一日遅れて同年8月19日夕刊に「南方日本語普及案成る」「文部省に普及協議会(仮称)設置」の一面記事が掲載された。

2 同新聞1942年8月19朝刊に社説「日本語普及方針の統一」が、またこれと連動して国内の国語問題(特に仮名遣い)については、同新聞1942年9月7日朝刊に社説「国語教育を立て直せ」が掲載された。

3 朝日新聞では同年11月25日から12月18日まで計17回、「特輯：南方日本語普及の一年」が連載された。対象は昭南、バダビヤ、比島、スラバヤ、馬来、泰、マライ、安南、ビルマ。全文は田中(2021)を参照。

参考文献

田中寛(2021)『戦時期における日本語の進出と言語文化建設——南方諸地域を中心に——』「語学教育フォーラム」第36号　大東文化大学語学教育研究所。

Ⅶ． 旅の記録

旅の記録

2024年春休み、広西大学日本語学科、南寧市訪問記

光多隆之介[*]

1 経緯

　中国に行ったことはあるものの、学部時代（2015年度）に厦門と西安を訪れただけである私であるが、なぜ広西チワン族自治区の南寧に行くことになったのか、まずその理由を記したい。広西大学の日本語学科との繋がりがその背景にはある。華中地域を中心とした対日協力政権の宣伝、教育政策を研究している筆者からすると、華南、しかも南寧という町は「何かしらの理由」がなければあまりなじみがない。

　2023年、当時私は怠惰な生活の影響により「院浪」の憂き目にあっていた。そのような中で関西を拠点とする中国現代史研究会から書評の執筆依頼を受けた。失意に打ちひしがれていた私はこの世界に名前を刻むことができる最初で最後のチャンスかもしれないと考え、快諾した。依頼されたのは菊地俊介氏の『日本占領地区に生きた中国青年たち―日中戦争期華北「新民会」の青年動員―』（えにし書房、2020年）であった[1]。しかし、先述のとおり華中が専門であり、華北に対する知識に乏しかった私は華北の対日協力組織である新民会について調べるところから始めた。その中で、神戸大学の博士号を取られた彭程氏の名前を何度か見かけた。思い切って、「博論を見せてほしい」と彭程氏に依頼してみた。彭程氏は、快諾してくださり、博論を中国語で出版した本も謹呈してくださった。彭程氏は、広西大学外国語学部日本語学科[2]の学科長ということもあり、その後、いろいろなことをお願いし、大変お世話になった。

[*] 神奈川大学大学院外国語学研究科中国言語文化専攻博士後期課程

神奈川大学に進学することとなった私は、様々な新生活を経て、落ち着いたときにある打診を広西大学側にしてみた。中国の大学、中国の日本語学科、中国の日中戦争研究、どれも今後研究をしていく上で、知っておくべき知識である。また、同じ広西チワン族自治区でも桂林は景勝地（20元札の裏のモチーフ）であるが、省都の南寧は行く機会があるだろうか。これを逃しては行く機会を逸してしまう。そう思った私は、彭程先生にメールを送った。「是非とも南寧に行きたいのですが…可能でしょうか？」。先生から「歓迎いたします」とのお返事をいただいた。こうして、実家暮らし、20数年間関東に住んでいた私は2週間という長い期間にわたる初の「旅行」（成人がいうセリフではないが）の地として南寧を選んだ。

ちょうど、『日本植民地教育史研究年報』に「旅の記録」というページがあることを知り、ぜひ紹介させていただきたいと思い、以下記憶を整理しながら書き進めることにする。

2　広西チワン族自治区について

広西チワン族自治区について辞書的な説明を施すならば、ベトナムの国境近くにあり、隣の広東省とともに「両広」と称される華南の行政単位ということになる。日本では、「自治区」というとウイグルやチベットに代表されるように、少数民族問題に起因する騒乱やデモなどが想起されるが、広西チワン族自治区は、少なくとも南寧市に限って言うのならば、中国の普通の省都と何ら変わりはないというのが特徴的であろう。

その意識は住んでいる人にも反映されているようであり、広西チワン族自治区のことを「広西省」と民国期の呼称で呼んでいるという点からもうかがい知ることができる。ちなみに、中国には「江西省」もある。日本語読みにすると、混同してしまうことを指摘すると、院生にも先生方にも頭を抱えられてしまった。それだけ自治区意識が希薄であるという点は見逃せない。ただし、チワン族を代表とする少数民族の文化を保護しようとする姿勢は博物館の展示などから見て取ることができる。

なお、南寧という都市を植民地教育史の観点から見てみるのならば、

1939年11月に日本軍は南寧を占領している。このように歴史的に重要な地域であるが、華南占領地の研究自体は不足している[3]。そのため、広西省の教育史にまで研究が及んでいるわけではない。ただし、広西省の教育事情については断片的な史料が残っており、占領地・上海で刊行されていた『中華日報』に取り上げられている[4]。無論、私自身、華南占領地教育史まで手は及んでいない。今後研究が期待される分野である。

3 広西大学

　西安に赴いた際に2日間ほど陝西師範大学を拠点としていたため、知ってはいたことであったが、中国の大学のスケールには驚かされた[5]。大学が1つの街のようになっていたのであった。床屋（髪を切る勇気はなかったが）からパソコンを修理する場所まで様々なことができる。つまり、贅沢なことを言わなければ生活がすべて完結するのである。大学の出入りは監視システムが機能しており、登録しなければ入ることができなかったが、あまり息苦しさを感じないのはそのお陰かもしれない。ただ、一人で大学の外に出て、街歩きをすることはできなかった。日本語聴解能力試験のリスニングテストに「天気がいいから散歩しましょう」というアナウンスが流れるそうであるが、それが何の支障もなくできるのは、大学の中の限られた世界の話であった。

　ただ、私は中国語ができないこともあり、日本語学科の院生が交代で南寧の街や広西大学を案内してくれた。これは貴重な機会であった。外国語でどこまで本音を言ってくれるのかという部分については未知数であるが、冗談を言い合い、時には寮生活など想像もつかない私からすると驚くような話も耳にする機会に恵まれた。

　先ほど、学科長が新民会（正確に言えばその中の官吏養成機関である新民学院）の研究をしていると言及した。そのこともあり、院生の研究テーマの多くが日中関係史というのも話が弾むきっかけになった。日本語学科なので、日本語の著作に関するアドバイスをしたり、データベースの使い方などを教えたりする機会があった。

　ただ、私には致命傷があった。日本人だから、日本のアニメや漫画に

ついては詳しいだろうと思われたようだが、私にはさっぱりわからないのである。また、華南という地域柄、雪があまり降らないため、スキーをしたい、北海道行きたいという話も聞いたが、スキーもしたことがなければ、旅行で北海道に行ったこともない。あくまでも、北海道は私からすると資料調査をするところなのである。

どこに行きたいかと聞かれたので「档案館」（日本でいうところの公文書館）というと、かなりの真面目人間で堅物だと思われたようだ。ただ、コロナ禍が明けて、どうなったのかというのが気になっただけである[6]。広西チワン族自治区の档案館から全国の档案館の状況が類推できるのではないか。あとは、いろいろなところを案内していただけるとのことだったため、一任した。

4　広西チワン族自治区博物館

博物館は愛国主義教育の基地として機能しているという指摘もあり、豪華な博物館が全国各地に建てられている[7]。ここでは、後述する档案館についている展示スペースとの比較も視野に入れて論じたい。今回訪問したのは広西チワン族自治区博物館である。以前、中国に赴いた際に中国の博物館に誰もいなかった。タクシーの運転手にすら知られていないことに驚いた[8]。今回も同じような状況であるかと思ったが、広西チワン族自治区博物館は寂しさを感じるほど少なくもなく、息苦しさを感じるほど多くもなくちょうどいい人だかりであった。

博物館の展示の特徴としては近現代の展示が比較的少なめであるように感じた。これについては档案館で近現代の展示がされているから必要ないとの判断かもしれない。「海のシルクロード」の強調が展示の特色であり、とりわけ陶磁器の出土品を見せるという機能を果たしている。これは、広西チワン族自治区は、一帯一路の基地としての役割を果たしているからであろう。陶磁器を通じて、広西が「海のシルクロード」における中心的な役割を果たしていることは理解できた。ただ、展示の精度については疑問も覚えた。中国の遺跡については日本でも有名なものが紹介されていたのに対し、図などで紹介される日本の遺跡は、日本での

知名度や評価が高いとは言えないものが取り上げられていたのである。広西との関係性を知る上で興味深いとはいえ、海外の考古学事情まで反映できていないという点に博物館の展示の限界がみられるのではないか。また、誤字・脱字が散見されたのも残念であった。

　また、利用面からいうのならば、無料という点は中国の他の多くの博物館とさほど変わりないが、荷物検査と事前の予約（中国の携帯電話番号が必要になるため、院生に代行を依頼した）が必要であるというのは、観光資源というよりも、愛国主義教育の基地としての役割が強いからであると考えられよう。

5　青秀山

　南寧は地下鉄が5本（2024年現在）走っており、決して田舎ではない。しかし、都会としての南寧と「郊外」としての南寧の2つの機能が存在する。そのような意味では、青秀山は南寧の両面性を反映している景勝の1つであると考えられる。具体的には、地下鉄で行ける景勝地ということである。行きはタクシーで行ったため、気が付かなかったが、帰りになると院生が地下鉄の駅へと私をいざなってくれたため、街からの近さに拍子抜けしてしまった。というより、街の中にある公園に行ったといったほうが正しいのではないか。

　青秀山は宋代由来の観音禅寺や中国と東南アジア諸国の友好のあかしを記した植物に覆われている風光明媚な景勝地である。ふもとから観音禅寺まではバスが出ており、さらに、「山」といっても、アスファルト舗装されているため、登るのは苦にならない。願い事も書くことができるお寺は観光地化が随分と進んでおり、お経もテープレコーダーであった。

　木に願い事を結ぶこともできたので、願い事を書いてみた。梅の木がちょうど見ごろであり、綺麗な花を咲かせようとしている中で、木に願い事を結ぶのは少々気を使ったが、願い事を書いた。個人的なことであるため、願い事はここには記さないが、叶えられるように努力したい。

　一番印象に残っているのは、クジャクである。日本でも動物園に行く機会は数えるほどしかない私は、芝生の広場のような場所にクジャクが

いるというシチュエーションが全くと言っていいほど想像できず、ただ唖然としてしまった。「これは日本語でなんというのですか？」と言われたので、「クジャク」と返すと、「クジャクをこんなに近くで見たのは初

写真1　こんなに近いクジャクとの戯れ

めて」という返事が返ってきた。その近さというのは、なんとクジャクに触れるぐらいである。どのような経緯で芝生の広場にいるのかわからない（近くに大道芸人らしき人がいたので、その人が連れてきたのか。ただ、そもそもクジャクというのは躾けられる生物なのか。今でも疑問である）が、とにかくクジャクに触れるのである【写真1】。あれには拍子抜けしてしまった。後で、「中国ではクジャクに触れることができるのが当たり前なのか」と聞いたら、「そんなことはない」とのことであった。

　最後に、青秀山には日本語の案内もあったが、日本人からすると稚拙な日本語であり、院生と一緒に「この看板の日本語はどこが変か」と遊び半分で直していた。ただ、逆に日本での中国語の説明文やガイドなどはどうなのだろうかと考えると、その点については我々も今一度考えなくてはならないとの思いを抱いている。

6　おわりに

　広西大学の先生方、院生の皆さんのホスピタリティある対応に敬服しながら過ごした。日本人の先生もいらっしゃるが、院生の皆さんからすると同世代の私との会話は日本語の会話の訓練になっただけでなく、日本の生の知識を仕入れるという意味でも大変勉強になったと推察される。

ただ、私の日本語は早口であることを指摘されたため、それを改めるのに少し苦労した。あくまでも客人として中国を訪れるのではなく、今度は対等な研究者として中国に行くという意味でもスローな日本語（日本語には変わりないため、日本語学科でしか通じない）だけでなく、私自身も中国語の研鑽を積む必要性があると痛感させられた。

　最後に余談になるが、現下、日本の中国研究は中国から来た留学生の院生が支えている。そのため、「○○さんは知っていますか？」という質問をされた時、日本国内で面識を有していた院生の名前だったことには驚いてしまった。世間は広いようで狭いのである。従って、迂闊なことはできない。そのことは肝に銘じておきたいと痛感した。

註

1　その後、書評は完成し、中国現代史研究会（関西）の会誌である『現代中国研究』第51号に掲載された。

2　正式名称は広西大学外国語学院日系系。読者の多くは日本式の呼称のほうがなじみ深いと考え、日本語学科と呼ぶ。

3　同様の指摘を関智英が行っている。関智英「通史5（日中戦争2）」川島真・中村元哉編『中華民国史研究の動向』（晃洋書房、2019年）、137頁。

4　「広西省近三年成人教育経費」『中華日報』1940年2月11日など。

5　中国の大学について深堀して、論文化したものとして、有澤雄毅「大学という世界—中国における大学生の生活と価値観」兪敏浩編著『中国のリアル』（晃洋書房、2023年）がある。

6　これについては本号「資料紹介」で論ずる。

7　中国の博物館事情については、大都市部の博物館を取り上げた辻直美「考古学活用の最前線—中国歴史研究院「中国考古博物館」参観記」『中国研究月報』2024年5月号も併読すると中国を総括的に捉えた博物館像が見えてくる印象を抱いている。

8　このエピソードについては、戸田裕司「1調査目的・旅程概要　泉州・興化（2015年2月・第5次調査）」佐々木愛編『記憶された人と歴史　中国福建・江西・浙江の古墓・史跡調査記』（デザインエッグ、2023年）、38頁に描写されている。タクシーの運転手さんが『地球の歩き方』に載っているような「有名な」博物館を聞いたことない、知らないというものであった。

旅の記録

台湾における旧公学校文書保存の現状と課題
——竹東小学校と西屯小学校を訪れて——

陳虹彣[*]

はじめに

　学校での資料調査はいつも予想外のことが起きる。新資料を発見して、研究が大きく進展できたこともあれば、目当ての資料が紛失されて、研究構想を練り直すことになることもよくあった。今回は新竹の竹東小学校と台中の西屯小学校での調査状況を記録し、現在台湾の学校現場での旧公学校文書の保存状況と問題点をみてみたい。

1、新竹県竹東小学校（旧竹東公学校・2023年12月訪問）

　竹東小学校を訪れようと思ったきっかけは、2020年11月の「日本時代の「奉安庫」解錠に成功、竹東国民小学が貴重な沿革誌見つける」というネット記事であった[1]。当時記事の最後に「同県文化局ではこれら文物の収集と調査の作業はまもなく完了するとしており、関連のデジタル資料は今年の年末、文化部（日本の省レベル）による国家文化記憶庫（Taiwan Cultural Memory Bank）のホームページで公開される」と書かれているのと、コロナの影響で海外渡航ができなかったため、暫らくネットでの資料公開を待つことにした。しかし、2023年になっても、資料が公開される情報が全くなかったので、学校現地への資料調査を決めた。今回は

＊平安女学院大学

龍肚小学校の調査でお世話になった記者さんと竹東鎮民代表の葉日嘉さんに協力していただき、ようやく竹東小学校の陳聖源校長と連絡が取れたのである。

　私が竹東小学校を訪れた時に、ネット記事の写真に写っている彭煥章校長はすでに峨眉小学校へ転任していた。現任の陳聖源校長は峨眉小学校の前任の校長であり、彭校長と入れ替わる形で竹東小学校に異動してきたのである。陳校長のご厚意で、当日は彭校長にも竹東小学校に来ていただいた。陳校長は、学校の古い資料やこれまでの調査状況などの情報をまだ全部把握できていないので、これを機に彭校長から状況を聞きたいと話していた。

　校長室で簡単な挨拶をした後、資料は全て「校史室」にあるとのことなので、校長、教頭先生やほかの先生方と一緒に校史室へ行った。全ての資料は校史室にあるとわかっているが、何が部屋のどこに置かれているかは誰も把握できていなかった。大半の学校はこのような感じなので、私はまずロッカーや引き出し、展示ケースなどをあけてみる許可を得て、いつもの宝探しを始めた。運よく、見たい資料は全て見つかり、一部デジタル化された資料のデータも無事にロッカーの奥で発見した。ちなみに、資料データのネット公開についても聞いてみたが、誰もその情報を知らない様子であった。【写真1】【写真2】

　その後、半日ほど資料の撮影をさせていただいた。戦後でも継続された学校沿革誌の最後のページに、一枚の紙が挟まれているのを見つけた。1971年7月1日付の新竹県政府令である。内容は、青年教師への悪影響を避けるため、台湾省教育庁の指示により、日本統治時代の学校沿革誌に不適切な内容が確認された場合、速やかに焼却、墨塗りなどを行うという指示であった。不適切

写真1　竹東小学校・再び開かなくなった奉安庫

な内容とは、「侵華戦争勝利記念日等」に関連する記述を指している。例えば、昭和十二年十二月十四日「南京陥落祝賀旗行列提灯行列ニ参加」、昭和十三年五月廿日「徐州祝賀行列ラ行■」[ママ][2]、昭和十六年七月七日「支那事変記念日、勅語奉読式分列」などの例も挙

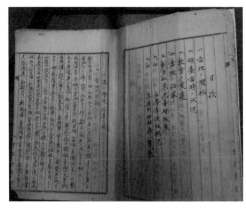

写真2　竹東公学校沿革誌　目次

げられていた。同校が保管している沿革誌の内容を確認したところ、上記の記述があったにもかかわらず、焼却や墨塗りなどの痕跡はなかった。実は、この沿革誌は長い間学校の奉安庫に保管されていたが、誰もそのことを知らなかった。2020年に奉安庫のカギが開けられ、初めてその存在が知らされた。奉安庫に眠っていたおかげで、1971年の処分指示を逃れられたのかもしれない。【写真3】

　この処分指示についてもう少し調べてみた。同じ指示は、苗栗縣の小学校にも届いていた[3]。それを受けて、当時の鶴岡国民小学（旧鶴岡公学校）は「本校日拠時代の沿革誌はすでに焼却した」と回答した[4]が、興隆国民小学（旧雞隆公学校）からは「本校沿革誌の内容に不適切な記載はなし」との回答があった[5]。しかし、最近苗栗縣が行った文物調査報告書を確認したところ、興隆国民小学が現在保管している史料の中に日本統治期の学校沿革誌はなかった。その後ほ

写真3　沿革誌の処分指示

かの理由で紛失されたようである。

　日本統治期の学校文書は、戦後台湾の政治や社会情勢によりほとんど処分されたことはすでに周知の事実である。しかし、中央から地方の学校に特定の内容が記載された史料を処分する指示があったことは、初めて知った事実であった。竹東公学校沿革誌のように運良く残されてきた学校文書は当時の公学校の実態を知る貴重な史料であり、台湾の次の世代に残す重要な資産だと再認識することになった。

2、台中市西屯小学校（旧西屯公学校・2024年3月、2度目の訪問）

　西屯小学校を訪れたのは2度目である。2022年夏の1度目の訪問は「旅の記録」にまとめて『年報』第25号にも寄稿した[6]。当時も全ての資料は校史室にあると言われたので、私はその部屋にあるすべての物を確認し、旅の記録に「広い校史室には公学校時期から使用されていた机が数台置かれており、古い資料は壁のガラス扉の棚に保管されている。校史室の所蔵品を確認して分かったのは、まず当時の学校文書はほぼ全てなくなっている。学校の沿革に関する記録は大正期にまとめられた「本校教育一覧」及び戦後作成された学校の年度報告書のみであった」と書いた。しかし、2023年の夏に、偶然読んだ台中教育大学の修士論文「西屯廖家與西屯公学校之研究」[7]から、西屯公学校時代の沿革誌や学校経営案、教職員履歴書は今も西屯小学校に保管されていることを知った。

　さっそく当時の校長に連絡して事実確認をしようとしたが、8月末に退職するとのことでなかなかうまく連絡が取れなかった。2023年末に再度同校の教員にお願いし、新任の彭偉峰校長につないでいただいた。訪問前に彭校長とLINEを交換し、学校の歴史や資料のことについて色々教えていただいた。彭校長が着任された2023年はちょうど創設120周年なので、9月に着任してわずか数カ月で120周年記念イベントを開催しなければならなかった。彭校長によると、熱心な教職員、保護者や歴史に興味を持つ地域住民の協力があったから、記念イベントが成功できたのである。

　訪問当日、学校の情報室の先生に、「見たいのはこれか？」と渡されたのは西屯公学校沿革誌、学校台帳、学校概況などであった。詳しく話を

聞いていくと、ある日ほかの部署でこれらの古い資料が処分されそうになったところを偶然に見かけ、「捨てるの？」と確認したら、「欲しいなら持ってて」と言われたので、拾ってきて現在は情報室の防湿保管庫に保管しているそうである。しかし、確認したら、救出されたのは資料の一部のみであり、学籍簿、教職員履歴書や留学生名簿などがなかった。誰も残りの資料の所在が分からなかったので、彭校長は「じゃ、探しに行くしかないね」と、私を校史室のある建物へ連れていった。【写真4】

写真4　西屯公学校沿革誌　表紙

　まずは校史室の裏にある小部屋を確認した。トロフィーや表彰状など以外は何もなかった。それから図書室の横にある小部屋に入った。そこには鉄製のロッカータンスがたくさん置かれていて、もちろん埃まみれだった。経験による勘なのか、もしかしたらと思い、ドアのすぐ横にあるロッカータンスを開いたら、公学校期の学籍簿が大量に詰め込まれている。どうやら、この部屋は「教務資料」の保管室のようだ。

　ロッカータンスには中身のメモなどは貼られていなかったので、全てのロッカーをあけて、資料を一冊一冊確認することにした。部屋にあるロッカーを半分見たところ、ようやく行方不明の資料を見つけた。見つかった！と思わず叫んでしまった。校長や職員たちも喜んで皆で記念写真を撮った。【写真5】

写真5　行方不明だった資料

ここで分かったのは、この学校では学籍簿などの「教務資料」は教務で保管し、それ以外のものは総務が保管することになっている。そして校史室にも一部の資料が置かれ、情報室にも一部の資料が保管されているため、保管場所がバラバラになってしまっている。さらに、これらの資料の重要性について、各部署は共通の認識を持っていないため、資料の保管状況にも大きな差が出ている。任期制で入れ替わる校長や主任たちにとって、このような状況で資料の情報を把握することも困難であろう。

　その後、私が資料撮影や整理をしている横に、校長と関連の教職員が集まり今後資料の保管体制についての相談を始めていた。これから西屯小学校の古い資料はきっとちゃんと管理されるようになるのであろう。

　（追記：2024年9月に再度西屯小学校の彭校長を訪れた。校史室をリフォームし、学校の歴史に関する資料を全て校史室に展示・保管する予定とのことである。）

おわりに

　今回紹介する2校での資料調査はテレビのハプニング特集のようにドキドキしたものではあったが、資料が無事に見つかった喜びがあり、素晴らしい旅であった。もちろん、苦労して学校までたどり着いても、資料がどうしても見つからない経験は何回かあった。紛失した一番の理由は、前述した2校の経験からもわかるように、学校側の管理体制に問題があったからであろう。しかし、教職員が学校文書、学校資料の重要性を理解しない現実も重要な原因だと考えられる。何度か、資料の管理に関わる教員や職員さんに、「こんなもの、興味ないからさ」とさらっと言われた。学校に働く人でさえそう思うなら、生徒、学生や一般の方はもっと目を向けてくれないだろう。研究者として、いかに我々の研究成果を一般向けに広めるかを考え、努力していくべきだと思う毎日である。

註

1 Taiwan today、「日本時代の「奉安庫」解錠に成功、竹東国民小学が貴重な沿革誌見つける」(2020.11.20) https://jp.taiwantoday.tw/news.php?unit=151&post=189359&unitname

2 原資料は中国語である。平仮名の部分はおそらく日本語のできない人が書いたと推測する(写真3を参照)。

3 苗栗県政府「圖書管理(禁書籍歌曲)」に関する府令(1971.7.6)ファイル番号：A376450000A/0060/36411/1/0002/7。

4 苗栗県公館郷鶴岡国民小学から苗栗県政府の「圖書管理(禁書籍歌曲)」への返答文書(1971.8.10)ファイル番号：A376450000A/0060/36411/1/0002/13。

5 苗栗県銅鑼郷興隆国民小学から苗栗県政府の「圖書管理(禁書籍歌曲)」への返答文書(1971.7.13)ファイル番号：A376450000A/0060/36411/1/0002/11。

6 陳虹彣、「台中の西屯小学校を訪れて―創設期の謎を解くため―」(旅の記録)、『植民地教育史研究年報』25号(2023.3.31)、172-178頁。

7 王晨翰「西屯廖家與西屯公学校之研究」(2023.1.6)、台中教育大学修士論文(未出版)。

【謝辞】

　本文は科研費(20K02550)の助成を受けています。なお、本文の調査は竹東小学校陳聖源校長、峨眉小学校彭煥章校長、西屯小学校彭偉峰校長及び新竹県竹東鎮民代表葉日嘉先生にご協力いただきました。ありがとうございました。

彙報

2024年1月から2024年12月までの本研究会の活動を報告する。

組織・運営体制

　本研究会には、会則第7条によって本『年報』奥付に記載の役員が置かれている。運営委員の任期は3年、『年報』編集委員の任期は2年である（第9条）。今期は運営委員の入れ替わりがあった。（敬称略）

　代表：岡部芳広・山本一生
　運営委員
○通信部：（議事録・通信）北川知子・滝澤佳奈枝・合津美穂
○研究部：（年次研究テーマ・定例研究会・国際交流等）佐藤広美・船
　　　　　越亮佑・松岡昌和
事務局長：（総務・渉外・各部との連絡調整）宇賀神一
事務局員：（WEB（ブログ）担当）清水知子／（研究業績作成）白恩正
　　　　　／（会計）大石茜／（会計代理）北島順子／
　　　　　（会計監査）神田基成・早川和彦
○年報編集委員会：（編集長）小林茂子（副編集長）藤森智子（委員）
　　　　　　　　　井上薫・冨田哲・清水知子・Ulrich Flick・丸山剛史

　本年度の主な活動は以下の通りである。
1）研究大会・総会
　第27回研究大会は2024年3月16日（土）にハイブリッド（東洋大学・オンライン）で開催し、シンポジウムと自由研究発表を行った。シンポジウムのテーマは運営委員会で「『満洲・満洲国』教育史研究の固有性と独自性を考える」に決定し、趣旨説明を佐藤広美会員、シンポジストを宇賀神一会員、山本一生会員、丸山剛史会員が担当した。総会は大会同日開催し、審議事項の一部は後日メール総会により審議して、2024年度活動案と予算案、新規運営委員が可決された。

２）運営委員会
2024年6月29日（土）オンライン開催（年間計画の検討等）

３）研究部（研究例会を２回開催、企画、運営）
2024年6月29日（土）オンライン
2024年11月30日（土）オンライン

４）編集委員会
・2024年6月30日（日）、第27号編集計画の検討をオンライン・ミーティングで行った。
・そのほか、投稿の申し込み確認、原稿の依頼と校正、査読原稿の確認と査読者の決定、査読原稿の掲載可否決定など、編集作業は電子メールで連絡を取り合い、編集委員全員の合意のもと、作業を進めていった。

５）事務局
事務連絡、会員入退会処理、会計、Webサイト運営等を行った。
第28回研究大会の準備
第28回研究大会より開催時期が６月に変更となり、現在大会の準備を進めている。

研究会誌『植民地教育史研究年報』の発行

第27号が皓星社から2025年3月31日付で刊行される予定である。特集は「『満洲・満洲国』教育史研究の固有性と独自性を考える」である。このほか、研究論文2本、研究ノート１本、書評5本、図書紹介1本、資料紹介2本、旅の記録2本、彙報で構成した。

「研究会通信」の発行

研究会通信「植民地教育史研究」は、第74号（2024年2月27日付）、第75号（2024年6月2日付）、第76号（2024年11月2日付）の3号が発行された。
第74号では第27回研究大会の開催など、第75号では第27回研究大会の

振り返りと第51回定例研究会の案内など、第76号では第52回定例研究会の案内などが掲載された。

定例研究会

定例研究会の日程、発表等については以下の通り。

【1】第51回定例研究会

2024年6月29日（土）オンライン

①張小栄会員（東北大学）

「満洲国」文教部教育庁長会議からみる「王道主義」レトリックの重要性

②滝澤佳奈枝会員（武蔵野美術大学（非常勤））

大日本製糖株式会社と学校との関わり－台南州虎尾郡を中心に－

【2】第52回定例研究会

2024年11月30日（土）オンライン

①符旖恩会員（広島大学大学院博士後期課程）

　「満洲国」初等教育の日本語教科書に見られるプロパガンダの一側面

　―女性に関する内容に着目して―

出版企画

・『植民地教育史ブックレット』については、続刊を編集中である。

・『図説　植民地教科書（仮）』の刊行準備を進めている。

その他

運営委員会及び年報編集委員相互の日常の諸連絡や検討事項については、それぞれのメーリングリストおよびZOOMでのオンラインによって行われている。

（事務局長　宇賀神一）

編集後記

近年、編集委員として、年報発刊前、掲載に向けて新たな研究成果を原稿段階で見せていただく機会を頂戴している。この編集作業では、執筆者がそれぞれ限られた史料を活かし、関連付け、位置付けていく地道な研究作業の努力を重ねていることを、頼もしく感じた。私事だが、18年続いた学科長業務はようやく引き継いだ。さて、大学業務の合間に集めた史料をどのように活かしていくか、今の自分に課された課題である。　（井上薫）

今回、主に査読担当として編集に携わり、ネット上を含めて発信行為が多様化する今、研究会年報という紙媒体での発表の位置づけについて改めて問い直す必要があるのではと感じました。例えば、私的なネット発信の場との区別をどうつけるか（区別が必要か否か）、読みやすさ・親しみやすさを優先しようとする原稿のアカデミック性をどう判定するか、などです。今後、私自身の問題としても捉え直し、考えていきたいと思います。
（清水知子）

中野重治が『新潮』1961年5月号に、台湾から訪日した谷正綱という有力政治家のことを書いている。いわく、「谷綱正」という「日本帝国の戦争政府の大臣か何かであり、東條英機に直属してさまざまなことをやってきた」日本人が、中華民国の代表としてやってきたというのである。名前の誤記もふくめ、もちろんまったくの誤解である。

この程度のことならすぐに確認できそうな今日から見れば、「なぜこんなことが？」と言いたくもなる。しかし今日でも、メディアで、SNSで、あるいは学生から、知人から「なぜこんなことが？」を聞くことは少なくない。自分がその発信者や伝達者になっているかもしれない。愚直かつ慎重に史資料に向き合っ

ていかねばならないと痛感する。　（冨田哲）

この1年も国際情勢は紛争や社会的な混乱が各地で見られた。これらの事象を考えるとき、歴史を細かに検証する作業がいかに大事かということを再確認させられる。今号の論考は植民地教育の多彩なテーマが取り上げられており、今日の問題と照らし合わせる上でも参考になると思われる。過去と今を考える機会となれば幸いである。毎回のことであるが、編集には目には見えない多くの作業があり、その結晶として今号ができあがっている。編集長はじめ多くの方々のお世話になったことに改めて感謝申し上げたい。　（藤森智子）

編集委員として年報の編集作業に携わって2年目です。企画から刊行まで様々な作業があり、勉強不足なところがいまだ多いのですが、ものを出版する大変さを改めて実感させていただきました。植民地教育史が日本近現代史のなかで特別な位置を占めており、その歴史について議論をする、さらにその歴史の知識を共有するのに、年報が重要な役割を果たしていると考えております。年報の編集作業に限らず、今後の年報の継続にも貢献ができればと思います。（フリック　ウルリッヒ）

前編集委員長が編集委員に残り、編集を安定的に行うため、この2年間、私は編集委員会に属し、編集過程に参加してきましたが、本号ではほとんど実務を担うことはありませんでした。年報編集体制が整ってきた証拠であろうと考えています。ただ、原稿を集めて年報を刊行することは容易なことではありません。会員はぜひ積極的に投稿してください。
（丸山剛史）

今号もやっと入稿まであと一歩というとこ

ろまでできました。校了まで作業は続きますが、研究会として研究成果を世に問うことの難しさをつくづく感じます。今号では初めて本誌に寄稿された方がいく人かおられます。これがさらに多くの会員の投稿につながればと思っています。「継続する植民地主義」というフレーズを時おり耳にしますが、現代を考えるうえでも、本誌のもつ価値をさらに広め、充実したものにしていくことが必要かと思います。現在の編集委員との作業は今号でひと区切りとなりますが、編集委員の協力があってこそ、『年報』の刊行があるのだと実感しています。編集委員の皆様、ありがとうございました。また、面倒な原稿を引き受けてくださる晴山様はじめ晧星社の皆様に厚く御礼申し上げます。　　　　　　　　（小林茂子）

英文校閲・CONTENTS 作成　Andrew Hall 会員

著者紹介
（掲載順）

前田　均
「私の日本語教育史研究の歩み」、日本語教育史研究会『日本語教育史研究』3巻（発行：2024年3月25日）。〔新刊紹介〕相良啓子著『日本手話の歴史的研究―系統関係にある台湾手話、韓国手話の数詞、親族表現との比較から』（ひつじ書房、2024年）、天理台湾学会『天理台湾学報』第33号、2024年7月6日など。

佐藤広美
東京家政学院大学名誉教授、1954年生まれ。日本近現代教育思想史、博士（教育学）、『戦後教育学と戦争体験―戦後教育思想史研究のために―』（大月書店、2021年）、『教師のモラルとは何か』（新日本出版社、2023年）など。

宇賀神一
西九州大学講師、1988年生まれ。日本教育史。『石森延男研究序説』（風間書房、2022年）、『近現代日本教員史研究』（風間書房、2021年（共著））など。

山本一生
東京大学大学院教育学研究科博士課程修了。博士（教育学）。東洋大学文学部教授。専門は、日本教育史、中国教育史、青島都市史。『青島と日本：日本人教育と中国人教育』（風響社、2019年）、「日中戦争期青島で実施された記念式典―中華民国臨時政府と華北政務委員会の記念日を中心に―」（『アジア教育史研究』第32号、2023年）など。

丸山剛史
宇都宮大学共同教育学部教員。学校教育学、技術教育学、博士（教育学）、「宇都宮大学所蔵「満洲国」技術員・技術工養成関係資料目録―解説と凡例―」（『植民地教育史研究年報』第11号、皓星社、2009年）、

「「満洲国」民生部編『民生』誌・解説と目次集」『植民地教育史研究年報』第22号、皓星社、2020年）など。

合津美穂
信州大学・長野大学非常勤講師。東京都立大学大学院人文科学研究科博士課程単位取得満期退学、博士（日本語教育学）。日本語教育史・社会言語学。「台湾における日本語借用語」（今村圭介、ダニエル・ロング編『アジア・太平洋における日本語の過去と現在』ひつじ書房、2021年）、「公学校用国語教科書による台湾人の「日本人化」―教材の「内地化」と「台湾化」に着目して―」（佐藤広美・岡部芳広編『日本の植民地教育を問う』皓星社、2020年）など。

楊慧
近代日中音楽交流史。「清末期における厳修の天津音楽教育に与えた影響」（『神戸大学国際文化研究科紀要』(60)、82-101頁）、「戦時中の天津音楽活動に関わる管理機関及び文化政策」（『新世紀人文学論究』(8)、109-124頁）。

野村淳一
千葉大学大学院人文科学研究院特別研究員。博士（文学）。元東京都公立小学校長。「韓国統監府による私立学校教科書の検閲と排除」『千葉大学大学院人文公共学府研究プロジェクト報告書』第376集、2023年。「自強と富強」（第2章第1節担当）宮嶋博史・古川宣子編『原典朝鮮近代思想史巻4―植民地化と三・一独立運動へ―』岩波書店、2022年。

冨田哲
名古屋大学大学院国際開発研究科博士後期課程修了。淡江大学日本語文学系教員。台湾史、社会言語学。「乃木希典遺髪碑建立

と伊沢修二」(木下知威編『伊沢修二と台湾』，台湾大学出版中心，2018年)、「韓国華僑と台湾―台湾の大学への「帰国」進学者を対象に」(植野弘子・上水流久彦編『帝国日本における越境・断絶・残像―人の移動』風響社，2020年2月)など。

Ulrich Flick

東北学院大学国際学部准教授。ドイツ・ハイデルベルク大学博士課程卒業。日本研究・中国研究専攻。「満洲」における植民地教育をメインに研究を進めている。著書に『Identitaetsbildung durch Geschichtsschulbuecher-Die Mandschurei waehrend der faktischen Oberherrschaft Japans, 1905-1945』(Nomos、2014)、論文に「One Nation, Different Histories. The First Generation of History Textbooks after the Founding of Manchukuo 1932」(Distelrath, Guenther et al. 編『Nordostasien in Medien, Politik und Wissenschaft – Geschichte und Geschichtsbild einer umstrittenen Region』EB Verlag、2019)等。

井上　薫

釧路短期大学教授。「植民地朝鮮ではどのように農業を教えようとしたか～稲にかかわる理科との連携を中心に～」(佐藤広美・岡部芳広編『日本の植民地教育を問う　植民地教科書には何が書かれていたのか』、皓星社、2020年)、「日帝下朝鮮における実業教育政策～1920年代の実科教育、補習教育の成立過程」(渡部宗助・竹中憲一編『教育における民族的相克』、東方書店、2000年)など。

松岡昌和

大月短期大学経済科准教授。一橋大学大学院言語社会研究科博士後期課程単位修得退学、博士(学術)。専門は東南アジア史・文化交流史。'Japan's memory of war and imperialism in kayō eiga: Shochiku's Under the Stars of Singapore and Asianism' (East Asian Journal of Popular Culture, 9 (1) , 2023)、「日本のシンガポー

ル占領(1942~1945)と「桃太郎」」(泉水英計編『近代国家と植民地性：アジア太平洋地域の歴史的展開』御茶の水書房、2022年)。

大石　茜

松山大学人文学部社会学科准教授。筑波大学大学院博士後期課程単位取得退学、博士(学術)。保育史。主著に博士論文「帝国日本の保育―内地・外地における家族の統治―」(筑波大学、2023年)、『近代家族の誕生―女性の慈善事業の先駆、「二葉幼稚園」―』(藤原書店、2020年)など。

光多隆之介

神奈川大学大学院外国語学研究科中国言語文化専攻博士後期課程。中国近現代史、日中戦争史。〔書評〕王楽著『満洲国における宣撫活動のメディア史-満鉄・関東軍による農村部多民族支配のための文化的工作』、『現代中国研究』第52号、2024年。〔書評〕菊地俊介著『日本占領地区に生きた中国青年たち―日中戦争期華北「新民会」の青年動員』、『現代中国研究』第51号、2023年。

田中　寛

1950年生まれ。熊本県出身。東京外国語大学大学院修了。大東文化大学名誉教授。博士(文学)。専門は言語学、文学研究。著書に『日本語複文構文の機能論的研究』(ひつじ書房、2021)，論文に「日本軍政期インドネシアにおける日本語普及及び教育の実態に関する考察(1) ―「ジャワ新聞」掲載記事などを中心に―」(『東洋研究』第232号、大東文化大学東洋研究所、2024.12)など。

陳虹彣

平安女学院大学教授。教育史・比較教育。博士(教育学)。『日本統治下の教科書と台湾の子どもたち』(風響社、2019年)。「学籍簿から見る日本統治下台湾の子どもたち(その2)―新竹州南寮国民学校20期生の場合―」(『平安女学院大学研究年報』第23号、2023年、1-11頁)。

『植民地教育史研究年報』投稿要領

投稿要領

① 投稿の申し込み締め切り日は、毎年7月31日とする（編集委員会必着）。

② 投稿は、葉書、メール、または、ファックスにより、以下を記入の上、編集委員会に申し込む。名前、標題（30字以内）、区分（研究論文、研究ノート等）、連絡先

③ 申込・提出先（編集委員会）は、研究会事務局に問い合わせること。

④ 投稿原稿提出の締め切り日は、毎年9月30日とする（編集委員会必着）。

⑤ 研究論文等の投稿は、会員に限る。

⑥ 応募原稿は未発表のものに限る。ただし口頭で発表したものは、この限りでない。

⑦ 掲載が決定した場合は、会員である執筆者は、投稿原稿、依頼原稿に関わらず掲載料を支払うものとする。掲載料は以下のとおりとし、本研究会より該当の『年報』を3冊贈呈する。・専任職にある会員：6000円（送料込み）・上記以外の会員：3000円（送料込み）

⑧ 掲載原稿の著作権は、研究会に帰属する。ただし著者は、研究会に連絡して、転載することができる。

⑨ 投稿原稿は日本語によるものとする。

執筆要領

⑩ 原稿の分量は次のとおりとする（本文・注・図・表などすべてを含む。分量厳守のこと）。

研究論文：20,000字

研究ノート・研究方法・研究動向：8,000字

旅の記録・研究資料：6,000字

気になるコトバ：4,000字

⑪ 投稿原稿等の提出要領（掲載される・されないに関わらず以下の書式によること）

1．次の項目を書いて添付する。
   ⑴ 標題・著者名・所属（和文・外国語で表記のこと）、⑵著者紹介（最近の研究業績は2本以内）、⑶連絡先（住所、電話番号、ファックス番号、メールアドレス）

2．電子データ原稿を原則とする。

3．「図表、写真等のデータ」の取り扱い。
   ⑴ 文字原稿データと図表・写真等はデータを分けて提出すること。
   ⑵ 表は、ワードではなくエクセルで作成すること。
   ⑶ 「図表、写真等のデータ」には番号を振り、本文中の位置を指示すること。
   ⑷ 写真はモノクロでの印刷となる。
   ⑸ 脚注機能を使用せず、入稿時には本文に注番号も含めて記入すること。
      例：「……必要が起こるのであります。」（注15、塩原時三郎「東亜に於ける日本帝国の使命」『文教の朝鮮』1937年12月、30頁。）しかし、……

⑫ 執筆者による校正は一度（初校）限りとする。校正時の大幅な修正は認めない。

編集委員会

⑬ 原稿の採否は編集委員会が決定する。

⑭ 研究論文と研究ノートは、別に定める審査要領に基づく審査を経て、編集委員会が採否を決定する。

⑮ 書評は、別に定める書評選考規程に基づいて、編集委員会が採否を決定する。

⑯ 編集委員会は原稿の内容・表現等について、著者に修正・書き直しを求めることがある。また、編集委員会で用字・用語等について、修正・統一をすることがある。

⑰ 編集委員会は必要に応じて、会員、非会員に原稿執筆を依頼することができる。

CONTENTS

Forward: The Negative Legacy of Prewar and Wartime Japanese Linguistics and Japanese Language Education ···Maeda Hitoshi   5

Ⅰ. Special Issue

Considering the Uniqueness and Originality of Studies on the History of Education in "Manchuria and Manchukuo"

Symposium Introduction ·· Satō Hiromi   10

The Work of Takenaka Kenichi: Research on the History of Education in Manchuria
··· Ugajin Hajime   13

The Work of Tsukinoki Mizuo: A History of Manchurian Education that Taps into the "Folds of the Heart" of the People ····································· Yamamoto Issei   26

The Work of Hara Masatoshi: Why did the Study of the History of Vocational and Technical Education Turn Its Attention to Manchuria? ··· Maruyama Tsuyoshi   46

Ⅱ. Research Papers

The Learning Situation of Taiwanese Elementary School Children in the 1920s: Using School Registers as a Source of Historical Data ································Gōzu Miho   52

The Reality of Youth Music Events in Tianjin Special Municipality Under Japanese Occupation ·· Yang Hui   76

Ⅲ. Research Notes

On the "Simple Japanese Language Readers" Compiled by the Korean Governor － General: A Comparison with the "Common School Japanese Language Readers"
··· Nomura Junichi   100

Ⅳ. Book Reviews

Araragi Shinzō et al. (eds.) , *Living on the Edge of Empire: Intersecting Borders, Human Mobility, and Identity*··· Tomita Akira   114

Kikuchi Shunsuke, *Chinese Youth in the Japanese Occupied Zone: Youth Mobilization of the "Xinmin Hui" in North China during the Sino-Japanese War* ········ Yang Hui   120

Wang Le, *A Media History of Pacification Activities in Manchukuo: The South Manchurian Railway and the Kwantung Army's Cultural Manipulation of Rural Multiethnic China*
··· Flick, Ulrich   126

Chong Dae-Goon, Discovering the Neighboring Country: What Did the Japanese See During the Japan-Korea Annexation Period? ································Inoue Kaori   133

Liu Jianhui and Ishikawa Hajime (eds.) , *Popular Culture in Wartime: Control, Expansion, and East Asia* ·· Matsuoka Masakazu   140

V. Books

Himeoka Toshiko, *Ten Lectures on Gender History* ························· Ōishi Akane 148

VI. Introduction of Materials

A Note on a Materials Survey in Mainland China in 2024: The Case of Nanning City,
Guangxi Zhuang Autonomous Region, China ················ Mitsuta Ryūnosuke 154

One Aspect of Japanese Language Education in the Southern Territories During Wartime:
From an Article in the *"Osaka Mainichi Shimbun"* (August 1942) (1)
 ·· Tanaka Hiroshi 162

VII. Travel Reports

A Visit to the Japanese Language Department of Guangxi University, Nannig City during
Spring Break 2024 ·· Mitsuta Ryūnosuke 170

The Preservation State and Issues of School Documents in Colonial Taiwan: A Visit to
Jhudong Elementary School and Xitun Elementary School ········ Chen Hungwen 177

植民地教育史研究年報　第 27 号
Reviews of Historical Studies of Colonial Education vol.27

「満洲・満洲国」教育史研究の固有性と独自性を考える
Considering the Uniqueness and Originality of Studies
on the History of Education in "Manchuria and Manchukuo"

編集
日本植民地教育史研究会運営委員会（第 X 期）
The Japanese Society for Historical Studies of Colonial Education

代　表：岡部芳広・山本一生
運営委員：北川知子・合津美穂・滝澤佳奈枝・佐藤広美・船越亮佑・
　　　　　松岡昌和
事務局長：宇賀神一
事務局員：清水知子・大石茜・白恩正・北島順子・神田基成・
　　　　　早川和彦
年報編集委員会：小林茂子（委員長）・藤森智子（副委員長）・
　　　　　井上薫・冨田哲・清水知子・Ulrich Flick・丸山剛史
事 務 局：佐賀県佐賀市神園 3-18-15
　　　　　西九州大学子ども学部子ども学科
　　　　　宇賀神一研究室

TEL　0952-37-9594
URL　https://colonial-edu.blog.jp/
E-mail　japancolonialeducation@gmail.com
郵便振替：00130-9-363885

発行　2025 年 3 月 31 日
定価　2,000 円＋税
　　発行所　　　株式会社 皓星社
　　〒101-0051　千代田区神田神保町 3-10 宝栄ビル 6 階
　　電話：03-6272-9330　FAX：03-6272-9921
　　URL https://www.libro-koseisha.co.jp/
　　E-mail：book-order@libro-koseisha.co.jp

装幀　藤巻亮一
印刷・製本　精文堂印刷株式会社
ISBN978-4-7744-0860-6

関連書籍のご案内

日本の植民地教育を問う

佐藤広美・岡部芳広 編

植民地教科書には何が描かれていたのか

植民地教科書に見る
日本近代教育の思想と原理

植民地教科書には、日本がアジア諸国の人々をどのように見ていたのか、その上で、いかに植民地として支配しようとしたのか、その考えと手法が端的に描かれている。本書は、台湾、朝鮮、満洲、南洋群島、東南アジア諸国における植民地教育を日本の教育の歴史に内在させて考え、日本近代教育の真実と今後のあるべき姿を追求する試みである。

2020年10月発売
A5判上製 376 ページ
定価 4000円＋税

皓星社